AIR
ALUMINUM

1. Auflage April 1998

Herausgeber: Pecher & Böckmann GmbH,
Antonienallee 25, 45279 Essen, 0201/54433
Redaktion: Volker Pecher, Uli Böckmann
Textredaktion: Dagmar Diedenhofen, Carola Böckmann
Gestaltung: Volker Pecher
Routengrafik: Christoph Jäkel
Anzeigen: Alexandra Niedersteberg
Scouts-Berlin: Jaqueline Grund, Reinhard Schliepe, Andreas Karbe, Ralf Krieger
Scouts Hamburg: Ralf Krieger, Jan Rybiczka
Scouts Köln: Steffi Kramer, York Schäfer
Scouts Ruhrgeb.: Axel Hünninghaus, Werner Ritter (West)
Steffi Kramer, York Schäfer (Ost)
Scouts Frankfurt: Steffi Kramer, York Schäfer, Patrick Schimanski
Scouts Stuttgart: Axel Meyer
Scouts München: Steffi Kramer, York Schäfer, Günther Kort
Fotos: ROCES, Montebelluna
Melanie Schwarzer & Jan Wäller, Dortmund
Druck: Druckzentrum Sutter & Partner, Essen

ISBN-Nummern: 3-88474-615-4 Berlin /// 3-88474-616-2 Hamburg
3-88474-618-9 Köln /// 3-88474-619-7 Ruhrgeb.-Ost
3-88474-620-0 Ruhrgeb.-West /// 3-88474-617-0 Frankfurt
3-88474-621-9 Stuttgart /// 3-88474-622-7 München

3-88474-582-4 Schlesw.-Holst. /// 3-88474-571-9 Nordrh.-Westf.
3-88474-573-5 Hessen /// 3-88474-574-3 Bad.-Württmbg.
3-88474-572-7 Bayern

INHALT

HALLO SCHWARZFAHRER!

Der Rollschuh als Urvater des Inline-Skates war in seiner Blütezeit nicht nur ein vielversprechender Weg zur ersten Bänderdehnung schon weit vor der Pubertät, sondern flog spätestens nach dem vierzehnten Geburtstag in die Ecke. Auf Inlinern hingegen kann man in diesem Alter vielleicht schon seinen ersten Profi-Vertrag unterschreiben.

Das robuste Kinder-Spielzeug früherer Tage hat sich zu einem Sportgerät mit hoher Performance entwickelt. Und ist doch bis heute ein Spielzeug geblieben - zumindest vor dem Gesetz. Vielleicht deshalb, weil sehr hohe Geschwindigkeiten recht spielerisch erreicht werden, vielleicht aber auch, weil Fitness-SkaterInnen im Durchschnitt zwischen 20 und 40 Jahre alt sind - Gründe genug jedenfalls, High-Tech-Skates verkehrsrechtlich auf die gleiche Stufe mit Bobby-Cars zu stellen und ihnen beispielsweise die Nutzung von Radwegen zu untersagen.

Man geht davon aus, daß 1998 bereits rund zehn Millionen verspielte Deutsche auf Inline-Skates unterwegs sind. Fragt sich nur wo? Auf landschaftlich schön gelegenen Parkplätzen, in langen Kellerfluren oder auf stillgelegten Kegelbahnen? Welche Möglichkeiten bietet die Kanalisation? Eine Idee muß her, wie die verkehrsrechtliche Zukunft von Millionen SkaterInnen aussehen soll, denn die gegenwärtige Situation ist unangemessen.

Rein rechtlich sind Inline-Skater als eine Art Fußgänger eingeordnet und dürfen nur auf ausgewiesenen Fußwegen, also Bürgersteigen und Fußgängerzonen fahren. Juristisch sind damit alle Geschwindigkeiten jenseits von 7 km/h (Fußgänger-Höchsttempo!) bereits zu schnell! Ein eigenes Wegenetz ist weder finanzierbar noch gewünscht, niemand wird ernsthaft die Landschaft mit noch mehr Asphalt zuplätten wollen. Straßen und Bürgersteige können jedoch bestenfalls eine Notlösung darstellen, weshalb die Logik nur den Radweg übrigläßt.

Wir haben deshalb in diesem Guide bei einigen wenigen Routen auch Teilstücke auf Radwegen eingebaut. Wer diese Routen skatet, wird zum Schwarzfahrer, nur damit das klar ist. Wir wünschen Euch dennoch mindestens hunderte sturzfreie Kilometer und möglichst viele nette Begegnungen unterwegs.

Und niemals vergessen: Early and late is the best time to skate!

DIE QUAL DER WAHL

WIE FINDE ICH „MEINEN" INLINE SKATE?

1. Probiere möglichst viele Skates an. Kommen mehrere Modelle in die engere Wahl, vertraue Deinem Gefühl. Lasse die Skates möglichst lange an den Füssen. Entscheide Dich für diejenigen, in denen Du Dich am wohlsten fühlst. Achte nicht nur auf die Farbe oder modische Aspekte.

2. Mache Dich erst nachmittags auf die Suche nach „Deinem" Paar Skates, denn dann haben sich Deine Füße voll ausgedehnt. Skates, die Du am Vormittag kaufst, können schon am Abend zu eng sein.

3. Probiere die Skates nicht mit zu dicken Strümpfen, denn es kann passieren, daß Dein Fuß dann nicht genügend Halt findet. Für den späteren Einsatz sind Inline-Socken zu empfehlen, die an den entscheidenden Stellen gepolstert sind.

4. Die Ferse darf im Skate nicht hochkommen. Der Innenschuh sollte etwa 1 cm Spiel an den Zehen bieten. Bei Softboots mit dem Fuß nach vorn rutschen, wenn zwischen Ferse und Schaft dann noch ein Finger Platz hat, sitzt er optimal.

5. Prüfe Kunststoffschienen auf ihre Steifheit: Nimm den Skate mit den Rollen nach oben in die Hand, umgreife die erste und letzte Rolle und versuche dann, die beiden inneren Rollen mit den Daumen nach unten zu drücken. Läßt die Schiene sich leicht eindrücken, hast Du den falschen Skate in der Hand. Aluschienen sind leicht und äußerst stabil, aber auch sehr kostspielig.

6. Beurteile den Leichtlauf der Rollen nicht danach, wie sie sich mit der Hand drehen lassen. Markenskates sind mit wartungsarmem Fett geschmiert, das seine richtige Schmierfähigkeit erst nach einigen Kilometern Fahrt erreicht. Schlecht drehende Rollen sind keineswegs ein Zeichen für schlechte Qualität.

7. Wichtig ist die Fußgelenkstabilität. Wenn sich die Schale im Knöchelbereich eindrücken läßt, stell sie zurück ins Regal. Labilität im Knöchelbereich - die manchmal als „sehr bequem" verkauft wird - kann übelste Verletzungen an den Bändern nach sich ziehen.

8. Entscheide Dich nicht zu schnell für oder gegen Schnallen oder Schnürung. Ein allgemeingültiges Optimum gibt es nicht, wenn dies auch immer wieder behauptet wird - schließlich ist jeder Fuß anders. Bei Schnallenbindung solltest Du darauf achten, daß mindestens drei Schnallen geboten werden.

THE RIGHT STUFF

DIE RICHTIGE AUSRÜSTUNG ZUM FITNESS-SKATEN

HELME

CRATONI Inline-Helme

Nur mit Helm ist die Schutzausrüstung komplett. Wer das anzweifelt, sollte sich eine pralle Wassermelone vorstellen, die aus ungefähr zwei Metern Höhe auf den Asphalt geklatscht ist... Viel Spaß beim Grübeln.

SCHONER

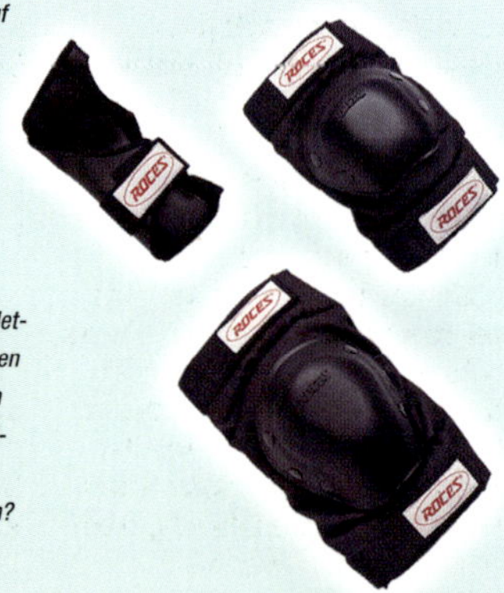

ROCES Inline-Schoner

Nicht einmal ein Fünftel aller Skater/Innen tragen das komplette Schonerset an Knien, Ellbogen und Handgelenken. 75% davon wiederum bezahlen diese Coolness mit üblen Verletzungen. Sollte das etwa Dummheit sein?

ALLES DREHT SICH

WIE KOMME ICH AUF DIE RICHTIGE ROLLE?

Geradezu unüberschaubar, was an Rollen in allen Farben und Größen zu haben ist. Vor allem anderen muß jeder sich eine Frage beantworten: Wofür brauche ich die Rolle? Hat man hierzu einmal die Antwort, ist der Rest ganz einfach. Der Querschnitt einer Rolle legt fest, für welchen Einsatzzweck sie geeignet ist. Auch die Größen und Härten variieren in den einzelnen Disziplinen sehr stark.
Die Rollen sind meist aus Polyurethan (PU), denn bei Abrollverhalten, Haftung und Dämpfungseigenschaften ist dieses Kunststoffmaterial unerreicht.
Alle Fitness- und Speed-Rollen haben eine Felge, die das Gewicht reduziert, für die wichtige Kühlung sorgt und die Lager trägt. Sehr weiche Rollen sind sehr komfortabel, haben aber einen vergleichsweise hohen Abrieb. Harte Rollen sind schnell und halten länger, bieten aber nicht unbedingt die beste Laufruhe. Markenskates sind in der Regel mit guten Rollen ausgerüstet. Wer damit gute Erfahrungen gemacht hat, sollte auch beim ersten Rollenwechsel dabei bleiben.
Bei einer Rolle wird immer der Außendurchmesser in Millimetern angegeben (40 bis 88 mm) sowie die Härte in Durometern („A"), in der Regel von 74 A (sehr weich) bis 100 A (sehr hart). Diese Angaben finden sich auf der Rolle selbst.
Um die Lebensdauer zu erhöhen, sollten sie in Abständen untereinander ausgetauscht werden (Innenseiten nach außen und umgekehrt, erste und letzte Rolle gegen die beiden inneren tauschen).

ROLLENRADIEN	
	**SPEED** ø 76-82 mm Härte: 75-93 A
	**FITNESS UND RECREATION** ø 76-80 mm Härte: 78-90 A

THE RIGHT STUFF

DIE RICHTIGE AUSRÜSTUNG ZUM FITNESS-SKATEN

FITNESS-SKATES

ROCES Culture 7/03

Das Top-Modell der neuen ROCES Culture 7-Modellreihe. Alle Culture 7 sind Softboots und werden an den entscheidenden Stellen von einer harten Außenschale umgeben. Dies garantiert perfekten Sitz und höchste Stabilität. Der 7/03 ist mit einer Lite-Tech-Aluschiene und ABEC 5-Lagern ausgestattet.

ROCES Culture 7/01

Der Culture 7/01 ist bis auf die Schiene (Aero-Tech; Nylon/Fiberglas) und die Lager (ABEC 3) mit dem Culture 7/03 weitestgehend identisch.

ROCES London

Soft-Fit heißt das Zauberwort beim neuen ROCES London. Die neue Spritztechnik ermöglicht das Verwenden von Kunststoffschalen aus unterschiedlichen Materialien: außen hart, innen weich. Der Innenschuh ist sehr gut gepolstert und überdurchschnittlich gut belüftet.

NIE OHNE GUMMI

BREMSEN MÜSSTE MAN KÖNNEN

Mangelhafte Bremstechnik ist die Hauptursache für die meisten Stürze. Anfänger verlieren dabei schneller das Gleichgewicht, als sie es in ihren schlimmsten Träumen vorausgeahnt haben, auch Fortgeschrittene sehen dabei manchmal alles andere als gut aus.
Die serienmäßigen Bremsvorrichtungen an Inline-Skates muten im Vergleich zu den sonstigen technischen Details eher archaisch an. Ein dicker Gummiklotz, groß wie eine Babyfaust, ist hinten an den Skate geschraubt und bietet so die Möglichkeit, ihn durch die angehobene Fußspitze zur Schleifbremse zu nutzen. Also im richtigen Moment das Füßchen hoch und schleifen lassen - wenn´s doch nur so einfach wäre! Doch die Bremsleistung, die mit dem moppeligen Gummi erreicht werden kann, ist nicht gerade berauschend und dient vor allem den Einsteigern als Sicherheit. Der Gummipömpel ist die gebräuchlichste Variante, vereinzelt tauchen andere Bremssysteme auf, die mehr oder weniger gut ihren Dienst verrichten. Wenn der unförmige schwarze Klops an der Hacke auch eher an Seifenkistentechnik erinnert, so funktioniert er – die richtige Einstellung vorausgesetzt – jedoch immer und überall, was man von anderen Bremstechniken nicht ohne weiteres uneingeschränkt behaupten kann.

Bremsungen, die mittels der Fahrtechnik funktionieren, also T-Brake oder Powerslide, verlangen ein hohes Maß an fahrerischem Können, versprechen dafür aber bei richtiger Anwendung höchste Effektivität. Manchmal jedoch reicht ein kleiner Fehler, um aus der eleganten Technik-Bremse einen weniger eleganten Abgang zu machen. Der gute alte „Heel-Stop", so die korrekte Bezeichnung der Hackenbremse mit dem Gummi, funktioniert zwar nur mäßig, dafür aber garantiert immer. Ob das Bremsgummi am rechten oder linken Skate angebracht sein sollte, kann jeder ganz leicht für sich selbst herausfinden. Der einfache Test: Stell Dich gerade hin, beide Füße nebeneinander. Dann laß Dir - von wem auch immer - einen leichten Stoß geben, so daß Du nach hinten kippst. Automatisch wirst Du versuchen, mit einem kleinen Ausfallschritt den Sturz zu verhindern. Der Fuß, mit dem Du Dich intuitiv abfängst, ist für alle Zukunft Dein optimaler Bremsfuß.
Eine interessante Variante für den Notfall ist der kontrollierte Sturz (siehe Kapitel „Wie bremse ich richtig?"), der allerdings nur mit der kompletten Schutzausrüstung funktioniert. Wer wieder mal auf die Schoner verzichtet hat, wird sich mit dieser Sturztechnik allerdings problemlos beide Kniescheiben freilegen - mindestens...

THE RIGHT STUFF

DIE RICHTIGE AUSRÜSTUNG ZUM FITNESS-SKATEN

INLINE-SOCKEN

Rohner Inline-Socken

Wer sich regelmäßig in Inlinern auf die Socken macht, sollte seinen Füßen gutes tun: Inline-Socken sind an den entscheidenden Stellen gepolstert und sorgen dauerhaft für ein gutes Skate-Gefühl.

TRINKSYSTEM

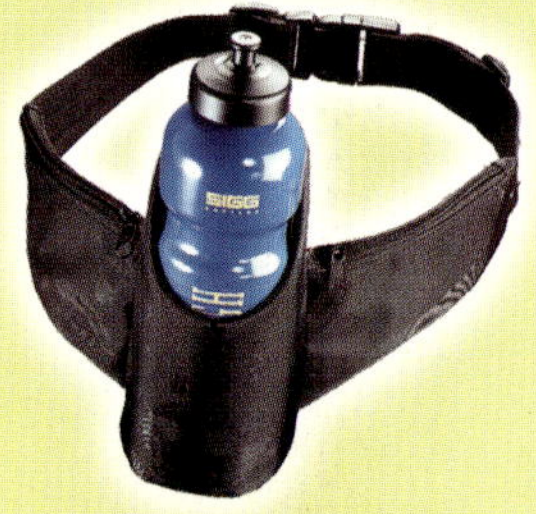

SIGG Inline-Trinksystem

Wenn der Durst kommt, ist es meistens schon zu spät. Dies gilt für alle, die leistungsorientiert unterwegs sind. Für Ausdauersportler ist es wichtig, für ständige Flüssigkeitszufuhr zu sorgen. Damit man nicht für jeden Schluck anhalten muß, gibt es das praktische System von SIGG.

Hart im Nehmen. Weich im Geben.
Hart im Nehmen. Weich im Geben.
Die neuen ROCES
Fitness-Skates
Culture
»ROCES Culture 7/03 + 7/01«
7/03/01
London
»ROCES London«
ROCES
INLINE SKATES
sico® | Reichenaustraße 244 · 78467 Konstanz · Tel: 0 75 31 / 98 44 - 80 · Fax: 0 75 31 / 98 44 - 40 · Internet: www.sico.de · www.roces.it |
spirit and soul of skating

1898
Marathon-Hut „Hermes“
Fitness-Hut „Lausitz“
Windjoppe „Kriterium“ kombiniert mit Rennhemd „Rapid“
Gleitmantel „Niederelbe“ (schwitzdichte Zeppelinseide)
Windhose „Velocita“ (mit Schnellauf-Zwickel)
Wadenwickel „Kürassier“
Mono-Spurtstange
Laufstrumpf „Austerlitz“
Gleithose „Albatros“
Erd-Schlittschuh „Rollito“

Bekanntmachung!*

1. Trage immer die vollständige Schutzausrüstung (Helm, Handgelenk-, Ellenbogen-, Knieschoner, Brille und Klingel).

2. Lerne schnell, sicher und immer rechtzeitig zu bremsen.

3. Verliere nie die Aufmerksamkeit und sei anderen gegenüber immer achtsam und zuvorkommend.

4. Skate immer vorausschauend und riskiere niemals, die Kontrolle zu verlieren.

5. Wo auch immer Du unterwegs bist: Fahre stets auf der rechten Seite.

6. Überhole Fußgänger, Radfahrer und andere Skater immer auf der linken Seite. Mache rechtzeitig durch klingeln oder rufen auf Dich aufmerksam.

7. Meide Plätze, Flächen oder Strecken mit starkem Fußgänger- und Radverkehr.

8. Lasse im Zweifelsfall immer Fußgängern und Radfahrern den Vorrang.

9. Fahre nicht auf Radwegen oder öffentlichen Straßen.

10. Reduziere beim Fahren auf dem Bürgersteig immer die Geschwindigkeit und sei stets bremsbereit. Skate gerade dort besonders vorausschauend, denn Fußgänger haben auf jeden Fall immer Vorrang!

11. Meide nasse, ölige, sandige und staubige Wege sowie Unebenheiten und Schotter.

12. Die wichtigste Regel von allen: Verliere niemals die Lust, anderen ein Vorbild zu sein.

* Die wichtigsten Regeln des Deutschen Inline-Skate-Verbandes (D.I.V.)

SKATE-KOSMETIK

WIE PFLEGE ICH MEINE BESTEN STÜCKE?

Man muß kein technisches Genie sein, um die wesentlichen Pflegearbeiten selber zu erledigen. Hier nur die wichtigsten:

1. Rollentausch
Der regelmäßige Rollentausch verlängert die Lebensdauer. Da sich die Rollen einseitig abfahren, sollte die erste gegen die dritte und die zweite gegen die vierte Rolle getauscht werden, wobei sie jeweils um 180 Grad gedreht werden.

2. Lager fetten
Der Aufwand hängt von der Lagerart ab. Bei geschlossenen, wartungsfähigen Lagern muß einer der beiden Deckel, die mit einem Sprengring versehen sind, mit einem kleinen, spitzen Schraubenzieher oder einem Messer geöffnet werden. Dann Lager und Kugeln putzen und entfetten (Zitrusreiniger / Waschbenzin), klar abspülen und trocknen. Schließlich mit einem Tropfen Öl oder Lagerfett neu schmieren, wieder zusammensetzen und einbauen. Öl wirkt schneller, muß aber schneller nachgeschmiert werden, Fett ist zäher und braucht ein wenig Zeit zur optimalen Wirkung, ist dafür aber wesentlich wartungsärmer. Zwischendurch sollten die Lager auch immer wieder mit einem weichen, trockenen Tuch von außen abgerieben werden.

3. Bremsklötze auswechseln
Bei jedem Pflegeintervall immer auch ein Auge auf die Bremsklötze werfen. Sind sie stark abgenutzt, muß man sie neu einstellen oder gegen neue austauschen. Dies geht in der Regel mit Hilfe des mitgelieferten Inbusschlüssels sehr leicht.

4. Geschraubte Schienen checken
Schienen, die an den Schuh angeschraubt sind, sollten in regelmäßigen Abständen (alle 50-60 km) an ihren Verschraubungen überprüft werden. Die dort wirkenden Kräfte sind enorm, so daß sich die Schrauben lockern können. Die ständige Kontrolle verhindert böse Überraschungen.

5. Allgemeine Pflege
Die Skates nach jedem Einsatz gründlich mit einem feuchten Tuch abwischen. Das läßt sie dauerhaft gut aussehen und sorgt dafür, daß auch die kleinen Macken nicht verborgen bleiben. Außerdem beschäftigt man sich mit dem Skate und wird auf anstehende Wartungsarbeiten aufmerksam. Auch wenn viele Skates gut belüftet sind, schwitzen die Füße in den Kunststoffschalen doch sehr. Deshalb die Innenschuhe zum Lüften aus der Schale ziehen und, falls möglich, waschen. Softboots ohne herausnehmbare Innenschuhe an gut belüftete Plätze zum Ausdünsten stellen.

THE RIGHT STUFF
DIE RICHTIGE AUSRÜSTUNG
ZUM FITNESS-SKATEN

SONNENBRILLE

CARRERA Aerotic

*Endlich mal ein Teil der Schutzausrüstung, das auch noch für ein cooles Outfit sorgt.
Die Aerotic von CARRERA bietet neben tollem Design noch praktische Wechselscheiben und hohe Funktionalität.*

WRISTGUARD MIT KLINGEL

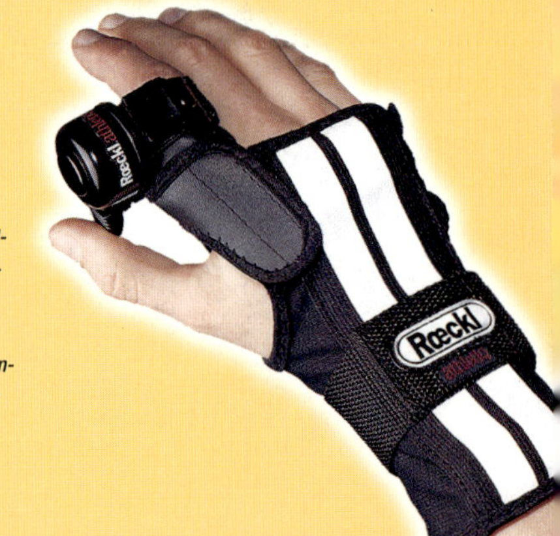

ROECKL Skate-Guard

Wer oft auf belebten Strecken skatet, sollte nicht ohne „Signalgerät" unterwegs sein. Empfehlenswert der Skate-Guard, denn der vertraute Klang der Fahrradklingel sorgt für ein ebenso vertrautes Verhaltensmuster: rechts ran, da kommt einer!

Jetzt aber raus!
PRINZ sagt, wohin die Reise geht
Foto: K2 Inlineskates

TRAGENDE ROLLE

WELCHE SCHIENE IST DIE RICHTIGE?

Je stabiler die Schiene, desto höher die Laufruhe. Auf diese einfache Formel läßt sich die ganze Kaufberatung reduzieren. Das Angebot an Material und Verarbeitung ist mittlerweile sehr groß. Angefangen von den Skates der untersten Preiskategorie, bei denen nicht selten Schuh und Schiene aus einer Form gegossen, also ein Teil sind, bis hin zu superleichten und dennoch supersteifen Carbon- oder Magnesium-Schienen ist auf dem Markt so ziemlich alles zu haben.

Generell ist zu empfehlen, auswechselbare Schienen zu bevorzugen. Bei den überwiegend eingesetzten Kunststoffschienen lohnt ein Blick ins Innere. Dort sollten sich möglichst viele Verstrebungen finden, denn neben der Beschaffenheit des Materials gewährleistet vor allem das aufwendige Innenleben die so wichtige Verwindungssteifheit.

An Kunststoffschienen, die sich mit der Hand verbiegen oder am Rand tief eindrücken lassen, wird man nicht allzuviel Freude haben, denn die Fahrt mit solchen Weichlingen wird schnell zum Eiertanz. Skatern mit einem Körpergewicht weit jenseits der 80 Kilogramm sind in jedem Fall Aluschienen zu empfehlen, die noch immer das bessere Verhältnis von Gewicht und Festigkeit bieten (einmal abgesehen von den High-Tech-Frames aus Carbon oder Fiberglas, die mittlerweile ebenfalls erhältlich sind und sich vor allem bei Speed-Skatern steigender Beliebtheit erfreuen). Solche Qualität hat natürlich auch ihren Preis, doch schnellen die Preise dabei nicht soweit nach oben, daß der finanzielle Mehraufwand nicht doch gerechtfertigt wäre. Letztlich geht es neben der Sicherheit ja auch um den Fahrspaß, der dauerhaft erhalten bleiben soll. Doch sind Aluschienen nicht generell das Maß aller Dinge. Auch hochwertige Kunststoff-Schienen können dauerhafte Stabilität gewährleisten, wenn der Skater sich im Bereich eines normalen Körpergewichtes bewegt. Deshalb vor allem beim Kauf immer genau hinsehen. Zuviel Skepsis muß allerdings nun auch nicht sein, denn insbesondere bei Markenskates in der oberen Preiskategorie kann man getrost davon ausgehen, daß die angebrachten Schienen den hohen Belastungen problemlos standhalten.

Viele Schienen erlauben das sogenannte „Rockering", die Möglichkeit der Höhenverstellung der Rollen in der Schiene. Es gibt drei Einstellungen: Flat Rockering (alle Rollen auf einer Höhe/Fitness und Speed), Negative Rockering (die beiden mittleren Rollen sind höher angebracht/Street) und Positive Rockering (die beiden äußeren Rollen sind höher angebracht/Hockey).

THE RIGHT STUFF

DIE RICHTIGE AUSRÜSTUNG ZUM FITNESS-SKATEN

UHREN

G-SHOCK Wild Witch

Die „Wilde Hexe" für unterwegs. Wasserdicht, illuminiert, mit automatischem Kalender, 100stel-Stoppuhr, Countdown-Timer, und, und, und. Die Wild Witch ist nicht nur ausgesprochen Hip - wie eigentlich alle G-Shocks - sondern auch ziemlich selten. Gerade einmal 1.000 Modelle sind für eine Special-Collection aufgelegt worden. Nehmt Euch die Zeit!

THE RIGHT STUFF
DIE RICHTIGE AUSRÜSTUNG ZUM FITNESS-SKATEN

FITNESS-SKATES

NIKE AIR WARP

NIKE AIR AVATAR

NIKE Performance Training Skates

Von 25 Jahren Erfahrung in der Entwicklung hochwertiger Sportschuhe können nun auch Fitness-SkaterInnen profitieren.
Wie nicht anders zu erwarten, bieten die Amerikaner auch gleich etwas völlig Neues, denn die NIKE-Skates haben weder einen Soft- noch einen Hard-Boot - sie haben gar keinen Boot mehr! Ein tiefgeschnittener, präzise anliegender echter Sportschuh, dazu seitliche ForeFlex-Manschetten und die bewährte NIKE Air Dämpfung - schon entsteht ein völlig neues Skate-Gefühl. Die flexible Kunststoffmanschette sorgt für mehr Bewegungsfreiheit im Knie- und Knöchelbereich und garantiert dennoch die so wichtige Seitenführung.
Die vier Modelle sind in insgesamt sieben verschiedenen Versionen erhältlich, darunter auch zwei Modelle speziell für Frauen.

NIKE AIR TAILWIND M-001

NIKE AIR TAILWIND M-004

NIKE WOMEN'S AIR TAILWIND

NIKE SWIFT M

NIKE WOMEN'S SWIFT

THE RIGHT STUFF

DIE RICHTIGE AUSRÜSTUNG
ZUM FITNESS-SKATEN

INLINE-RUCKSACK

DEUTER

Zum Transport der Skates gibt es mittlerweile zahlreiche Rucksacksysteme auf dem Markt. Empfehlenswert die durchdachten Modelle von DEUTER, die in zahlreichen Varianten und Outfits erhältlich sind.

MEHRZWECKSCHLÜSSEL

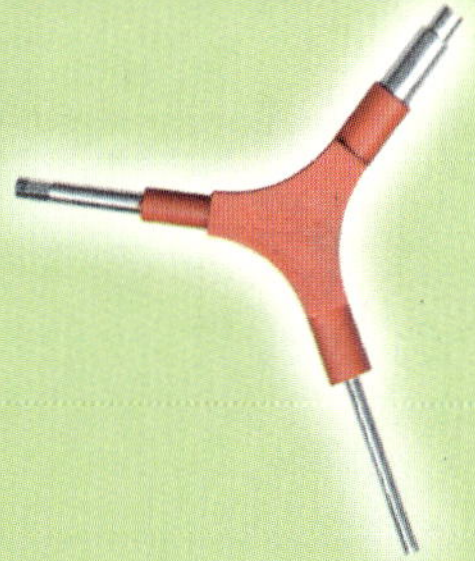

ROCES-Multi-Tool

Die drei omnikompatiblen Enden dieses freundlichen kleinen Helfers machen das Multi-Tool zum praktischen Begleiter für jede Tour. Kleinere Reparaturen können damit problemlos ausgeführt werden

Dein Zeitminister rät: Rettet die Originale dieser Welt!

GEHSCHIENE

WALKLINE Gehschiene

Immer wieder trifft man auf Passagen, die indiskatable sind. Der lästige Schuhwechsel entfällt, wenn Gehschienen griffbereit sind. Einfach auf den Boden legen, reinsteigen, und schon ist Schluß mit der Rollerei. Vorsichtig gehen, damit man auf den recht hohen Absätzen nicht umknickt.

HERZFREQUENZ-MESSGERÄT

POLAR

Wer den Fitness-Gedanken hochhält, seine Fortschritte genau beobachten und die nächsten Trainingseinheiten gut planen möchte, wird die Herzfrequenz-Meßgeräte von POLAR zu schätzen wissen.

THE RIGHT STUFF

DIE RICHTIGE AUSRÜSTUNG ZUM FITNESS-SKATEN

SPEED-SKATES

ROCES Stealth

Die Formel-1 läßt herzlich grüßen. Der Stealth ist einer der Spitzen-Skates im Speed-Bereich: Der Lederschuh mit eingearbeiteter Carbonfiberschale, Lite-Tech-Schiene, Alu-Spacern und Gel-Kissen im Knöchelbereich macht es allerdings unmöglich, die Niederlage auf den Skate zu schieben...

ROCES CDG Paris

Der CDG Paris ist der günstige Einstieg in den Speed-Bereich. Der Schuh ist für einen Hartboot niedrig geschnitten, hat eine Lite-Tech-Schiene, Messing-Spacer und ABEC 5-Lager. Die extrem gute Belüftung und die Kombination von Schnalle und Schnürung machen den CDG Paris zu einem sehr hochwertigen Einsteiger-Speedie.

DER RICHTIGE DREH

INLINE SKATE-LAGER

ZERLEGTES LAGER: ABEC 5 „ZZ"

Beim Inline-Skaten dreht sich im wahrsten Sinne des Wortes alles um die Lager. Jede Rolle hat gleich zwei davon, macht also 16 Kugellager für ein Paar Inline-Skates. Allein die Lager entscheiden, ob es läuft wie geschmiert oder ob der Spaß auf der Strecke bleibt. Die Kugellager haben ein Standardmaß von 22 mm Außen- und 8 mm Innendurchmesser bei einer Dicke von 7 mm. Sie werden in vier Qualitätsstufen angeboten: ABEC 1, 3, 5 und 7 (ABEC = Annular Bearing Engineers Commitee; amerikanische Qualitätsnorm für Kugellager). Die Werte beziffern die Verarbeitungsgenauigkeit der Bestandteile eines Lagers. Je höher der Wert, desto besser. Neben der ABEC-Einstufung finden sich bei der Lagerbezeichnung noch weitere Ziffern, z.B. „ZZ", „Z" und „RS". „ZZ" bedeutet, daß das Lager auf beiden Seiten mit Metallkappen vor grober Verschmutzung geschützt ist, „Z" zeigt den einseitigen Schutz an, wobei die ungeschützte Seite nach innen in die Rolle eingesetzt wird. „RS" signalisiert beidseitig mit Kunststoff-Dichtungen geschützte Lager, die auch Wasser und Staub fernhalten. Dabei gibt es noch Unterschiede bei den geschlossenen Lagern, denn manche sind wartungsfähig (mit Kunststoffkappe oder mit Sprengring versehen), andere wiederum sind nicht zu „knacken". Also beim Kauf danach fragen, ob die Lager wartungsfähig sind.
Das Material spielt bei Kugellagern eine große Rolle. Kugeln und Laufbahnen aus Qualitäts-Stahl sind das Beste, auch beim Lagerkäfig sollte man nicht auf Messing oder Nylon als billige Varianten ausweichen. Denn hat sich einmal ein wenig Schmutz eingeschlichen, sind diese Lager recht schnell verschlissen.
Auch die Lagerpflege ist wichtig und kann die Lebensdauer deutlich verlängern. In der Regel sollte man sie ab und an von außen trocken abwischen. Wurden die Lager dem Wasser ausgesetzt, zu Hause sofort ausbauen, trocknen, in Lösungsmittel einlegen und mit graphit- und teflonfreiem Lagerfett neu schmieren.

KINDER-SKATES

ROCES NRT Junior

ROCES entwickelte 1993 den ersten in der Größe verstellbaren Kinder-Skate. Der NRT Junior ist trotz seiner Größenverstellbarkeit sehr stabil und bietet mit der Uni-Tech-Schiene einen sicheren Halt. Er gewährleistet außerdem die nötige Sicherheit und ist dabei sehr komfortabel.
Den NRT Junior gibt es in vielen Farben und in zwei verstellbaren Varianten: mit den Schuhgrößen 30-35 und 36 bis 40.

Bei Deiner Ausrüstung machst Du keine Kompromisse.

Anne Tietze

Es gibt einen Energieriegel, der Dich weiter bringt als andere, weil er weiter ist als andere. Denn PowerBar enthält die optimale Kombination* an Nährstoffen, die wichtigsten Mineralien und Vitamine und fast kein Fett. * lt. Studie des Institutes für Sportwissenschaft, Bayreuth

Frag Deinen Sporthändler oder Apotheker nach dem **Original aus Kalifornien!**

Und bei Deinem Energieriegel?

Made in USA

PowerBar Europe Tel +49 (0) 89-50 20 07-0 · www.powerbar.com

ALL YOU NEED IS SPEED

SPEED-SKATING - EINE SPORTART SUCHT AKTIVE

Millionen Fitness-SkaterInnen sind sich einig: „Das Erlebnis, auf acht Rollen fast schwerelos Dahinzugleiten, ist kaum zu toppen." „Es sei denn, man nimmt zehn", würde ein Speed-Skater wohl antworten, sich dann in seine beiden Fünfroller schwingen und sich mit ein paar kräftigen Abstößen auf seine Flugbahn begeben.

Was noch vor wenigen Jahren Rollschnelllauf hieß und ausnahmslos auf den sogenannten Quads (den guten alten Rollschuhen mit vier dicken Rollen an zwei Achsen) betrieben wurde, hat sich seit Einführung der Inline-Technologie grundlegend geändert. Holländer waren die ersten, die bei einem Rennen in Deutschland mit internationaler Besetzung auf ihren damals brandneuen Speed-Skates die gesamte Quad-Konkurrenz in Grund und Boden fuhren. Schon eine Saison später gab es eigentlich keine Rollschnelläufer mehr, nur noch Speed-Skater bestimmten das Wettkampfgeschehen. Denn jeder stieg auf die Fünfroller um, Quads verschwanden von der Bildfläche.

Seitdem hat sich im Speed-Skating vieles weiter entwickelt. Die Jagd nach besseren Zeiten ließ die Lauf- wie auch die Schuhtechnik fortschreiten. Präzisionskugellager, verwindungssteife Schienen aus Flugzeugaluminium oder Kohlefaser, ausgesuchte Rollen und maßgeschneiderte Schuhe treiben die Preise in die Höhe. Doch auch mit Speed-Skates „von der Stange" kann man mithalten, vorausgesetzt, Technik und Kondition stimmen.

Speed-Skating ist heute in Deutschland noch eine Randsportart. Doch obwohl es derzeit nur 1.500 aktive SpeedskaterInnen gibt, kann die „kleine" Speed-Skating-Nation Deutschland international erstaunliche Erfolge aufweisen. Die dreifache Weltmeisterin Anne Titze aus Seeheim ist das Aushängeschild des deutschen Speed-Skating-Sports, Dirk Breder aus Homburg ist der schnellste Mann im Land, war vor vier Jahren 500 m-Europameister und WM-Dritter über 1.500 m. Auch der Nachwuchs sorgt schon für hervorragende Resultate und bringt von Junioren-Europameisterschaften zahlreiche Medaillen mit nach Hause.

Doch fehlen dem rasanten Sport die nötigen Zuschauerzahlen, um die großen Sponsoren anzulocken. Das Potential an talentierten Fitness-SkaterInnen hingegen ist enorm. Die meisten jedoch ahnen nicht einmal, das sie ausgezeichnete Speed-Skater sein könnten. Wer eine gute Kondition und gute technische Grundlagen mitbringt, hat durchaus Chancen, bis in die nationale Spitze vorzudringen. Roland Klöß, Bundestrainer der Speed-Skater dazu: „Wer topfit ist, Talent hat und motiviert genug ist, sich im Training zu quälen, kann ganz vorne mitfahren". Vor dem Hintergrund, daß Verbände und Hersteller schon laut über den Gang nach Olympia nachdenken, tut sich hier für manch schnellen Fitness-Skater ein triftiger Grund auf, zukünftig um eine Rolle aufzurüsten. Doch wird einem der Einstieg nicht ganz leicht gemacht. Speed-Skates sind kostspielige Sportgeräte, der Einstieg ist unter 600-800 Mark kaum zu haben, nach obenhin sind die Preise offen.

Daß der allgemeine Inline-Boom schlußendlich dann doch auf den Sport durchschlägt, macht sich bei den großen Laufveranstaltungen schon bemerkbar. Da bei solchen Rennen nicht nur in Speed- sondern auch in Fitness-Klassen gestartet wird, wächst ein Teilnehmerfeld schon mal in den vierstelligen Bereich. So gingen beim '97er Köln-Marathon, der ja eigentlich ein klassischer Laufwettbewerb ist, bereits mehr als 1.000 Inline-SkaterInnen an den Start. Von Rahmenprogramm kann man da eigentlich nicht mehr sprechen. Die Marathondistanz von 42,195 Kilometer legen Top-Speed-Skater in knapp 70 Minuten zurück (Weltrekord 1.04:27,986 h), erreichen also eine Durchschnittsgeschwindigkeit von rund 40 km/h. Auch in Sachen Beschleunigung beibt einem angesichts des aktuellen Weltrekordes des Italieners Ippolito Sanfratello glatt die Luft weg: Er benötigte für die 300 m-Sprintdistanz auf ebener Strecke gerade einmal 24,418 Sekunden. Beim Überqueren der Ziellinie wurde seine Geschwindigkeit mit 57 km/h gemessen! Wer interessiert sich da noch für Rennräder?

Rund 40 Speed-Skating-Vereine kümmern sich in Deutschland um den Nachwuchs. Wer sich mit einem der Vereine in Verbindung setzen möchte, kann von der Speed-Skating-Abteilung des Deutschen Rollsport-Bundes in Utting (Anschrift auf der linken Seite) eine Liste mit den Adressen erhalten. Viele dieser Vereine bieten auch Schnupperkurse an, vielleicht die einfachste Möglichkeit, sich einmal auf Fünfrollern zu versuchen. Beim DRIVE / DRB könnt Ihr auch eine Terminliste von allen Speed-Skating-Veranstaltungen erhalten, bei denen auch Fitness-LäuferInnen auf Vierrollern an den Start gehen können.

LOCKER BLEIBEN

ODER: WIE BEREITE ICH MICH AUF DAS SKATEN VOR?

Daß der Inline-Boom auch seine Schattenseiten hat, können vor allem die Krankenkassen bestätigen. Die Zahl der Verletzungen ist so hoch, daß die Kosten für die Behandlung und Rehabilitation von verletzten Inline-SkaterInnen bereits in den dreistelligen Millionenbereich gehen! Pro Jahr, versteht sich.
Die AOK ist deshalb initiativ geworden und hat unter dem Titel „EASY INLINE" ein Magazin für Fitness-SkaterInnen produziert, welches in jeder Geschäftsstelle der AOK kostenlos erhältlich ist. Die folgenden vier Seiten sind ein Auszug aus dem Inline Kurs mit Bundestrainer Roland Klöß, entnommen aus dem EASY INLINE-Magazin der AOK:

Ohne Warm-up nie auf die Skates! Der Körper muß zunächst mal selbst „auf Touren" kommen. Dazu sind die folgenden Übungen sehr geeignet.

- Muskeln lockern und erwärmen
- für die Übungen bequeme Positionen einnehmen
- langsam an die Beweglichkeitsgrenze gehen
- immer 15-20 Sekunden belasten mit 2-3 Wiederholungen

1. Hals- und Nackenmuskulatur
Kopf im Stand zur Seite ablegen, rechte und linke Hand abwechselnd leicht auf den Kopf auflegen, und den Ellbogen des angehobenen Armes nach außen ziehen.

2. Schultergürtelmuskulatur
Den Arm vor dem Körper so anwinkeln, daß der Ellbogen vor dem Gesicht ist. Der andere Arm drückt nun sanft gegen den Ellbogen.

3. Hüftstrecker
In der Rückenlage wird ein Bein vom entgegengesetzten Arm in einer angewinkelten Position leicht zu Boden gedrückt. Beide Schultern haben Bodenkontakt.

4. Hintere Oberschenkelmuskulatur
Sitzend (Beine parallel gestreckt) wird der Oberkörper nach vorne geneigt. Wichtig: Den Rücken dabei stets gerade halten.

5. Vordere Oberschenkelmuskulatur
Im Stand ein Bein anwinkeln und mit dem Arm am Fußrücken so weit an den Körper heranziehen, bis die Ferse den Po berührt.

6. Fußstrecker
Während des Anlehnens an die Wand die Hüfte nach vorn drücken. Das hintere Bein ist die gerade Verlängerung zum Rücken. Das angewinkelte Bein steht locker auf dem Boden.

1.

2.

3.

4.

5.

6.

HALTUNG BEWAHREN

ODER: WIE FINDE ICH DIE RICHTIGE KÖRPERHALTUNG?

1.

2.

ÜBUNG 1

ÜBUNG 2

1. In der optimalen Position bilden die Knie einen leichten Winkel, man sitzt also etwas in der Hocke. Wenn der Oberkörper zudem leicht nach vorne gebeugt ist, verteilt sich das Gewicht nun gleichmäßig auf alle Rollen. Den richtigen Punkt findet man am einfachsten, in dem man ganz leicht von vorne nach hinten und wieder zurück schaukelt. Schulter, Knie und Fußspitzen bilden von der Seite betrachtet immer eine senkrechte Linie zum Boden.

2. In dieser stabilen Position ist der Körper sehr gut kontrollierbar. Auch wenn es zunächst in den Beinen etwas anstrengend ist: Erst in dieser skating-position kommt auch der richtige Spaß auf. Die Arme sind dabei stets vor dem Körper und werden nicht auf den Oberschenkeln abgestützt. Diese Position ist die Basis für sicheres Skaten und die Ausgangsposition für alle folgenden Übungen in diesem Inline-Kurs.

Ganz wichtig für ein angenehmes und sicheres Skaten ist die richtige Balance auf den Skates, d.h. der Fuß darf weder nach innen noch nach außen umknicken. Viele Skates bieten automatisch eine hohe Stabilität im Knöchelbereich, doch gutes Material ist nur die halbe Strecke auf dem Weg zum sicheren Skaten. Wichtig ist vor allem das richtige Gefühl für die Skates. Trainieren kann man die Balance am besten durch die beiden folgenden Übungen:

Übung 1:
Die Bilder links und rechts zeigen das bewußt übertriebene Außen- bzw. Innenkanten während einer Rollphase in der skating-position. Die Skates rollen dabei parallel in einer Linie. Beim Umsetzen von der Außen- auf die Innenkante kann man sehr genau spüren, wann der optimale Balancepunkt erreicht ist, hier zu sehen auf dem mittleren Bild.

Übung 2:
Beim Slalomfahren wird man indirekt gezwungen, immer auf die Innen- bzw. Außenkante der Skates zu gehen. Beide Inliner bleiben auch hierbei möglichst parallel nebeneinander. Je besser man dieses Kanten beherrscht, umso einfacher fällt dann später das Slalomlaufen. Dabei werden, wie beim normalen Kurvenlauf auch, immer nur die Skate-Innenkanten belastet. Nur wenn man den genauen Mittelpunkt der Skates gefunden hat, setzt man die Bewegungen hinterher auch wirklich sicher um. Und wenn man es dann kann, ist plötzlich alles ganz einfach. Wie immer.

VON 100 AUF NULL

ODER: WIE BREMSE ICH?

1.

2.

3.

1. Heel-Stop
Die Standard-Bremse für jedermann: Aus der skating-position heraus wird der Skate, an dem das Bremsgummi befestigt ist, leicht nach vorn geschoben. Das Körpergewicht bleibt aber auf dem anderen Bein. Die Arme dienen der Balance am besten, wenn man sie vor dem Körper hochhält.
Den Bremsskate nun zunächst leicht an der Fußspitze anheben, bis die Bremskraft einsetzt. Der Oberkörper sollte dabei möglichst ruhig gehalten werden, damit man die Bremsrichtung nicht verläßt.
Je mehr Tempo, desto größer muß der Druck auf dem Bremsskate sein. Dennoch zunächst möglichst langsam anfangen und den Druck dann erst durch ein verstärktes Anheben der Fußspitze des Bremsskates erhöhen. Wenn noch mehr Bremskraft benötigt wird, das Körpergewicht langsam und leicht nach vorne verlagern.

Achtung: Die Gummi-Stopper nutzen mit der Zeit ab und sollten deshalb regelmäßig auf ihre Funktionalität überprüft werden.

2. T-Break
Aus der skating-position heraus wird ein Bein maximal im rechten Winkel auf dem Boden schleifend hinterhergezogen. Das Körpergewicht bleibt dabei auf dem Gleitbein. Mehr Druck auf dem Bremsbein bedeutet mehr Bremskraft. Zunächst sollte der Druck auf den Bremsskate nur sehr leicht ausgeübt werden, um dann langsam das Körpergewicht auf den Bremsskate nach hinten zu verlagern.

Achtung: Beim "Schleifen" im rechten Winkel drehen sich die Rollen des bremsenden Skates nicht mit, d.h. der Rollenverschleiß ist sehr hoch. Deshalb ist ein Bremswinkel, bei dem sich die Rollen mitdrehen, wesentlich rollenschonender.

3. Powerslide
Für geübte Skater und zum Bremsen aus höheren Geschwindigkeiten am besten geeignet ist der Powerslide. Der Anspruch an das individuelle Können ist hierbei allerdings sehr hoch, denn vor der eigentlichen Bremsung muß man in die Rückwärtsfahrt umspringen. Nur aus dieser Rückwärtsbewegung funktioniert der Powerslide.
Den Blick voraus wird das Bremsbein dann gegen die Fahrtrichtung gestemmt, die Rollen schleifen auf dem Boden. Durch erhöhten Druck auf den Bremsskate erhöht sich die Bremswirkung.

Achtung: Da sich beim Schleifen im rechten Winkel die Rollen am Bremsskate nicht mitdrehen, ist der Rollenverschleiß sehr hoch.

Für alle Bremstechniken gilt: Probieren, probieren und nochmals probieren!
Niemals sollte man sich auf eine Bremstechnik verlassen! Für alle gilt die Regel, daß es ein Standbein gibt (auf dem das Körpergewicht ruht) und ein Bremsbein (auf dem anfangs möglichst wenig Körpergewicht liegen darf).
Jeder Skater muß sein persönliches Bremsbein selbst bestimmen Ein Tip: Durch eine einfache Bremswegmessung hat man nicht nur viel Spaß, sondern ermittelt auch sehr einfach die für sich effektivste und somit beste Bremstechnik.

Alle Bremstechniken haben ihre Tücken und sind eigentlich nur zum Anbremsen oder zur Tempominderung geeignet, deshalb muß die Geschwindigkeit immer der Umgebung und dem eigenen Können angepaßt sein!

GESÜNDER STÜRZEN

ODER: WIE FALLE ICH RICHTIG?

1.

2.

3.

4.

Wenn der Sturz unvermeidlich ist, ist noch nicht aller Tage Abend. Ein kontrollierter Sturz kann sogar in brenzligen Situationen die beste aller Bremstechniken sein. Es kommt vor allem auf zwei Dinge an: Die richtige Technik zu beherrschen und die komplette Schutzausrüstung zu tragen. Nur sie garantiert im Fall des Falles den verletzungsfreien Sturz. Wer den Ablauf auf den Bildern A bis D mehrfach wiederholt, ist für den Ernstfall gewappnet.

Diese Übung wird zunächst aus dem Stand heraus durchgeführt. Wenn man sich dann sicher genug fühlt, sollte das Stürzen immer aus der Fahrt heraus geübt werden. Der Bodenbelag sollte beim Üben möglichst glatt sein. Achtung: Je schneller man fährt, desto schwieriger wird es, die richtige Fahrt- oder Sturzrichtung einzuhalten.

Phase 1:
Es ist generell sehr wichtig, immer nach vorn zu fallen (Stürze nach hinten sollten aus dieser Position erst gar nicht passieren, denn sie sind zumeist unkontrolliert und damit sehr gefährlich). Die Arme werden angewinkelt nach oben genommen, denn den ersten Bodenkontakt müssen die Knie haben.

Phase 2:
Das Fallen auf die Knieschoner ist anfangs eine Mutfrage. Mit der entsprechenden Ausrüstung merkt man aber schnell, daß der Sturz auf die Knieschoner tatsächlich keinerlei Schmerzen bereitet. Die Arme bleiben zunächst noch angewinkelt in der Luft und kommen erst später zum Einsatz.

Phase 3:
Nachdem man auf beiden Knieschonern gelandet ist, wird der Oberkörper nach vorne gekippt, bis die Ellbogen auf dem Boden aufsetzen. Ohne Schoner wäre dies schmerzlos undenkbar, mit Schonern werden die Ellbogen zum Bremsanker. Die Hände bleiben immer noch in der Luft.

Phase 4:
Erst jetzt kommen die Handgelenkschoner zum Einsatz. Hierbei ist es wichtig, die Fingerspitzen nach oben zu strecken, weg vom Boden. Wenn man diese Phase des Sturzes erreicht hat, ist schon fast alles vorüber - und es hat gar nicht weh getan! Diese effektive Technik funktioniert natürlich nur mit Schonern.

Achtung:
Die Risiken beim Skaten liegen oftmals allein in der Selbstüberschätzung. So schön es beispielsweise auch sein mag, „downhill" einen Berg hinunter zu rauschen, so gefährlich ist es auch. Selbst Profis warnen davor, denn bei höheren Geschwindigkeiten können weder die besten Bremstechniken noch der beste Inline-Skater die Skates unter Kontrolle halten. So, nun aber viel Spaß beim Üben und Skaten!

BRINGT UNS ZUR STRECKE!

GESUCHT: EURE INLINE-FITNESS-ROUTEN

3 X DEUTER INLINE-RUCKSACK

3 X G-SHOCK WILD WITCH

3 X NIKE AIR WARP

3 X WALKLINE GEHSCHIENE

3 X ROCES CULTURE 7/03

3 X CRATONI-HELM

15 Routen können nicht alles sein. Wir suchen deshalb für den INLINE GUIDE weitere interessante Skate-Routen in Eurem Sektor und anderswo. Diese Routen müssen nicht zwingend vor Eurer Haustür liegen, denn Tourentips sind vor allem dort sehr willkommen, wo viel geskatet wird - also überall. Schickt uns Eure Vorschläge - wenn Ihr Lust habt, auch aus dem Ausland - und Ihr könnt gewinnen. Unter allen Einsendern von Routentips verlosen wir eine Menge hochwertigen Fitness-Equipments (der Rechtsweg ist ausgeschlossen). Was genau, sehr Ihr auf dieser Seite.

Wir brauchen von Euch den Start- und den Zielpunkt Eurer Strecke, eine kurze Beschreibung des Verlaufs, des Schwierigkeitsgrades, vielleicht noch der Freizeitmöglichkeiten am Rande des Weges und bestenfalls noch eine kleine Skizze. Außerdem interessiert uns natürlich, was Euch an dieser Strecke so gut gefällt.

Ihr könnt uns Eure Vorschläge faxen oder per Post an uns senden. Also: Wir kommen nur auf Touren, wenn Ihr uns zur Strecke bringt. Der Einsendeschluß für das Gewinnspiel ist der 31. Oktober. Doch Eure Tips sind natürlich auch danach noch bei uns willkommen.

Einsenden an:

Pecher & Böckmann
Red. INLINE GUIDE
Antonienallee 25
45279 Essen

oder per Fax:

02 01 / 53 02 39

NIGHT

POLAR
130
0:43 26
PACER

DIE LAGE

UNSER „KURSANGEBOT" IN HAMBURG

Inline-Skates funktionieren nur auf glattem Asphalt, der allerdings über etliche Kilometer hinweg sehr schwer zu finden ist. Erkundungen auf eigene Faust enden deshalb oft im geschotterten Abseits. Wo skaten also, wenn die immergleiche „Hausstrecke" nach und nach langweilig wird?

Wir bieten im INLINE GUIDE 15 Alternativen an, die von Inline-Scouts auf ihre Tauglichkeit gecheckt wurden. 15 Strekken unterschiedlichen Charakters, Routen zum bummeln und sprinten, Touren für Träumer und Tempo-Freaks. Dazu sei gesagt, daß die verkehrsrechtliche Situation der Inline-Skater vielen interessanten Rundkursen noch immer einen Riegel vorschiebt, denn wenn sich auch in der harten Realität schon längst Sohlen, Reifen und Rollen die Wege teilen, so müssen sich doch alle Skater darüber im klaren sein, daß die Benutzung von Radwegen mit den rollenden Schuhen auch in der 98er Saison noch immer nicht erlaubt ist. Wir sind jedoch der Zeit ein wenig vorausgeeilt und haben in einige Routen auch Abschnitte auf Radwegen eingebaut, allein deshalb, weil es sich kaum vermeiden läßt. Wer diese Routen dennoch skatet, wird also zum Schwarzfahrer.

Um so wichtiger, daß Walker, Biker und Skater zukünftig noch mehr Rücksicht aufeinander nehmen. Wir haben die vorgestellten Routen mir großer Sorgfalt erkundet. Sollte sich dennoch irgendwo ein Fehler eingeschlichen haben, so laßt es uns bitte wissen. Auch können wir nicht ausschließen, das Details sich im Laufe der Zeit verändern. Um den INLINE GUIDE immer auf dem aktuellsten Stand zu halten, sind Eure Hinweise - z.B. auf Baumaßnahmen - bei uns sehr willkommen.

Eine Übersicht aller in den Karten verwendeten Symbole zeigt Euch der praktische kleine Klapper auf der letzten Seite des Buches, den Ihr auch als Lesezeichen nutzen könnt. Viel Spaß also bei der Lektüre und viele erlebnisreiche und sturzfreie Kilometer auf acht oder zehn Rollen.

1. Von Ochsenzoll nach Wilstedt
2. Von Hasloh zur Wulfsmühle
3. Von Großhansdorf nach Großensee
4. Alsterwanderweg (Offroad)
5. Sülldorf
6. Grünendeich im Alten Land
7. Rund um die City
8. Durch den Freihafen
9. An Este und Elbe
10. Finkenwerder
11. Von Buxtehude nach Estebrügge
12. Vierlande (West)
13. Von Curslack nach Zollenspieker
14. An der Elbe bei Neuen- und Altengamme
15. Laßrönne und Stöckte

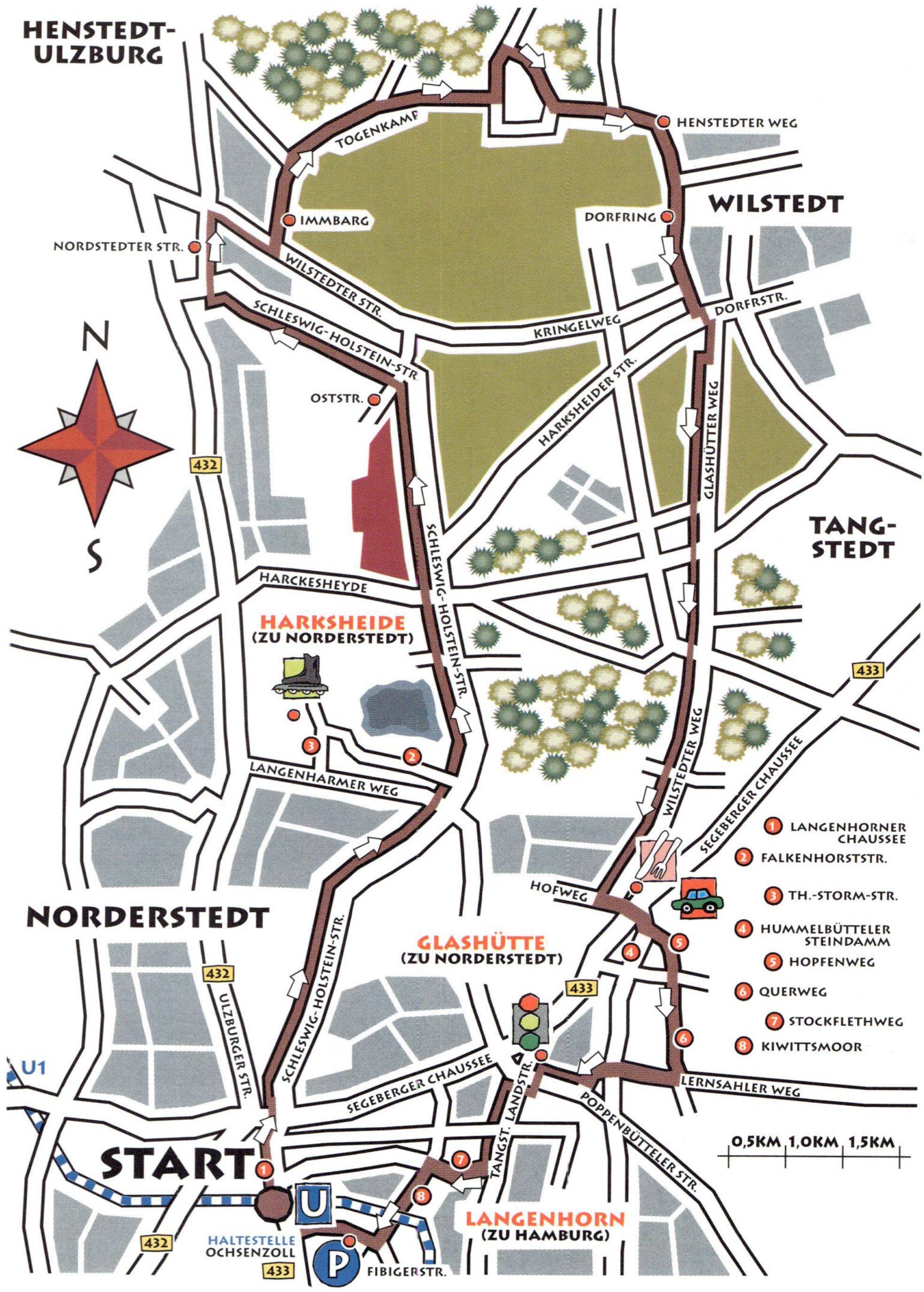
HENSTEDT-ULZBURG
WILSTEDT
TANG-STEDT
NORDERSTEDT
HARKSHEIDE (ZU NORDERSTEDT)
GLASHÜTTE (ZU NORDERSTEDT)
LANGENHORN (ZU HAMBURG)
START
N
S
U1
HALTESTELLE OCHSENZOLL
FIBIGERSTR.
TOGENKAMP
HENSTEDTER WEG
IMMBARG
DORFRING
NORDSTEDTER STR.
WILSTEDTER STR.
SCHLESWIG-HOLSTEIN-STR.
KRINGELWEG
DORFRSTR.
OSTSTR.
HARKSHEIDER STR.
GLASHÜTTER WEG
HARCKESHEYDE
LANGENHARMER WEG
WILSTEDTER WEG
SEGEBERGER CHAUSSEE
HOFWEG
ULZBURGER STR.
TANGST. LANDSTR.
POPPENBÜTTELER STR.
LERNSAHLER WEG
432
433
1 LANGENHORNER CHAUSSEE
2 FALKENHORSTSTR.
3 TH.-STORM-STR.
4 HUMMELBÜTTELER STEINDAMM
5 HOPFENWEG
6 QUERWEG
7 STOCKFLETHWEG
8 KIWITTSMOOR
0,5KM 1,0KM 1,5KM

TOUR NR. 1

VON OCHSENZOLL NACH WILSTEDT
28,5 KM / EINGESCHRÄNKT EINSTEIGER-GEEIGNET

LAGE:
Nördlich von Hamburg, zwischen Norderstedt und Wilstedt.

STARTPUNKT:
Vor dem U-Bahnhof Ochsenzoll.

ANFAHRT:
ÖPNV: U-Bahnlinie U1 bis Haltestelle Ochsenzoll.
Parken: Anfahrt von Norden und Westen über BAB 7, Ausfahrt Schnelsen-Nord. Weiter über die B 432 Richtung Norderstedt. Rechts abbiegen in die B 433 (Langenhorner Chaussee). Weiter bis zum U-Bahnhof Ochsenzoll und an der Fibiger Straße parken. Es sind nur ein paar Meter zum Startpunkt vor dem Bahnhof.

STRECKENCHARAKTER:
90% Asphalt, 10% Verbundsteinpflaster. Durchgängig ebene Piste. Rundkurs zu zwei Dritteln auf Rad- und Fußwegen und zu einem Drittel auf wenig befahrenen Straßen.

SPECIALS:
Gastropunkte in der Nähe der U-Bahnstationen. Abstecher zu einem kleinen Outdoor-Spot.

TIP:
Tourenfahrer und Fitness-Skater sind mit dieser Tour bestens bedient. Wer mag, kann auf dem Fuß- und Radweg an der Schleswig-Holstein-Straße über eine lange Strecke Speed machen. Außerdem: Ein Street-Spot (Halfpipe, Ramps etc.) liegt fast am Weg. Einsteiger sind im ersten Drittel der Tour gut aufgehoben und sollten je nach Kondition wenden (vor km 9).

BESCHREIBUNG:
Auf dem Fuß- und Radweg Richtung Norderstedt skatet Ihr nach Norden. Ihr rollt links an der Langenhorner Chaussee entlang. Nach 500 m überquert Ihr an der Ampel die Segeberger Chaussee und fahrt geradeaus weiter auf dem sehr gut geteerten Radweg an der Schleswig-Holstein-Straße. Vor Euch liegen nun 9 km mit vorzüglichem Belag, mit Ausblick auf Wälder, Felder und Wiesen.
Es gibt ein paar Einmündungen und Fußgängerampeln, aber Ihr folgt stets dem Fuß- und Radweg an der zum Teil recht stark befahrenen Straße.
Kurz vor km 3 laßt Ihr den Weg „Am Exerzierplatz“ links liegen. 800 m weiter könnt Ihr an der Fußgängerampel den Langenharmer Weg überqueren. 200 m weiter die nächste Einmündung (Falkenhorststraße). Abstecher-Möglichkeit: Nach links über die Falkenhorststraße bis zur Ecke Theodor-Storm-Straße; dort liegt der erwähnte Outdoor-Spot (hin und retour ca. 1,5 km).
Die Hauptroute führt am Abzweig geradeaus weiter und an einem See zur Linken vorbei. Hinter km 5,5 skatet Ihr über die Kreuzung mit der Harckesheyde. Bei km 8 überquert Ihr die Oststraße. Nach 10 km die nächste größere Kreuzung: Wechselt am besten vor der Kreuzung die Straßenseite, dann könnt Ihr gleich der Norderstedter Straße nach rechts folgen. Ihr rollt nun über den geteerten Bürgersteig rechts neben der Fahrbahn in Richtung Henstedt-Ulzburg. Nach 500 m rechts abbiegen und weiter auf dem Bürgersteig der Wilstedter Straße (Belag wechselt: Verbundsteinpflaster).
Bei km 11 biegt Ihr links ab und folgt dem „Immbarg“ bis zum Ortsende: Ein etwa 3,5 m breiter Teerfeldweg führt Euch dann nach rechts Richtung Wilstedt. Nehmt nach 800 m an der Gabelung den Weg nach rechts.
Kurz vor km 14 knickt Euer Weg erst nach links, dann nach rechts ab (geradeaus Sandpiste). Wenn sich der Wald hinter km 15,5 lichtet, ist die Ortschaft erreicht. Ihr fahrt auf dem Henstedter Weg, später Dorfring, in einem Bogen durchs Wohngebiet, bis Ihr an eine größere Kreuzung kommt: Die Dorfstraße überqueren und nach links rollen, dann rechts in den Glashütter Weg. Hinterm Ortsende von Wilstedt weitet sich der Bürgersteig zu einem Fuß- und Radweg. Durch den Wald skatet Ihr bis Norderstedt (km 21). Vom Ortsschild aus über den Wilstedter Weg und bis zur Kreuzung mit dem Hofweg: Links abbiegen. Achtung an der nächsten Kreuzung (Verkehr!): Zunächst die Segeberger Chaussee überqueren, dann kurzfristig über den Hummelsbütteler Steindamm; links seht Ihr nun den Hopfenweg, auf dem es weitergeht.
Bei km 24 die nächste Kreuzung: Ihr skatet nach rechts auf dem Lernsahler Weg und (u.a. über eine Querstraße) bis zur Poppenbütteler Straße (km 25). Nun rechts ab und weiter auf dem plattierten Weg. Vor der nächsten Kreuzung an der Ampel die Straßenseite wechseln, die Tangstedter Landstraße überqueren und den nach links führenden Weg nehmen. Über kleinere Einmündungen erreicht Ihr bei km 26 den Stockflethweg, dem Ihr nach rechts folgt. An der Kreuzung mit dem „Kiwittsmoor“ geht es nach links weiter, dann folgt Ihr dem „Kiwittsmoor“ und dem Fibigerweg (rechts) bis zum U-Bahnhof.

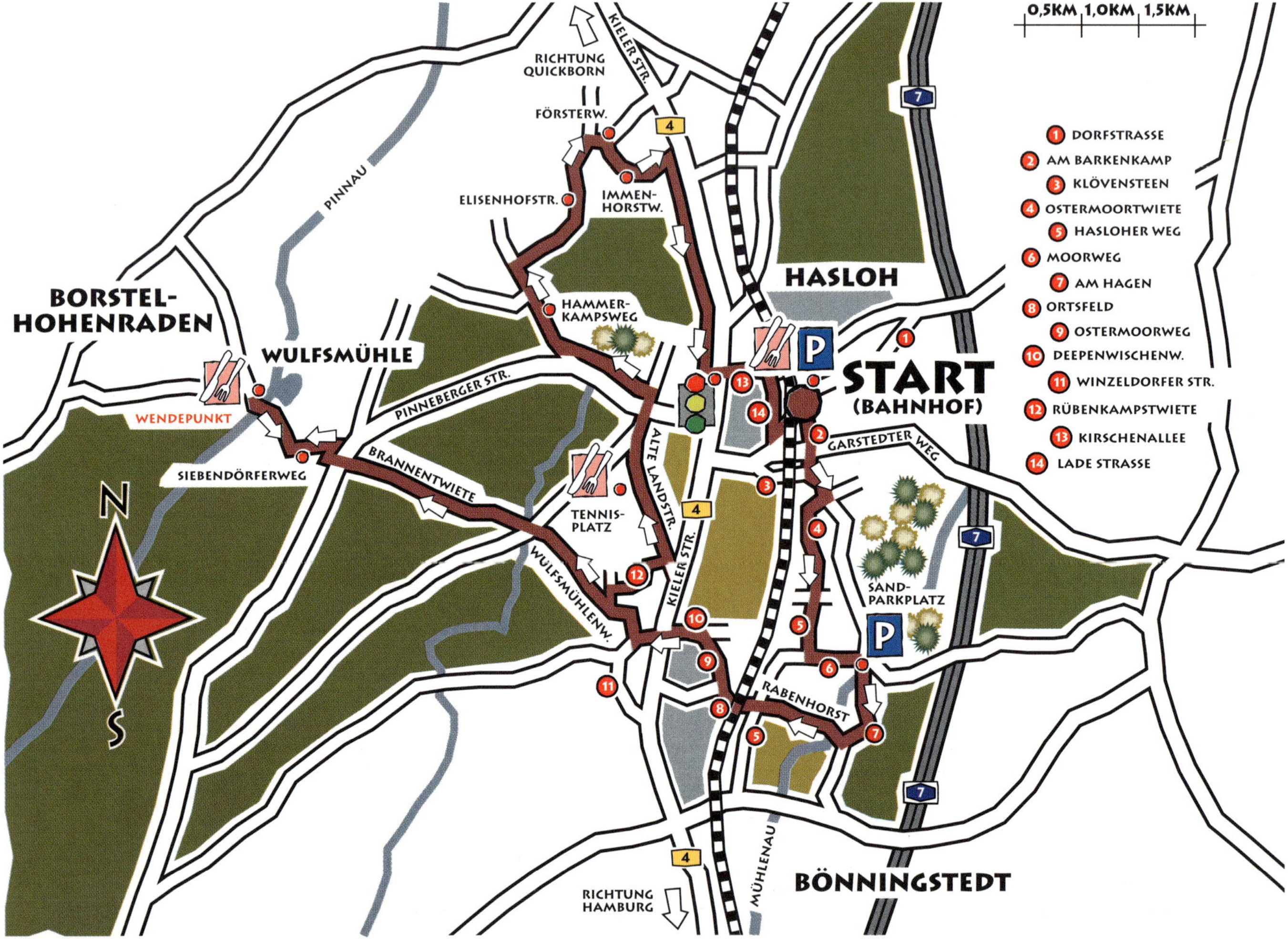
0,5KM 1,0KM 1,5KM
RICHTUNG QUICKBORN
KIELER STR.
FÖRSTERW.
4
7
IMMEN-HORSTW.
ELISENHOFSTR.
PINNAU
HASLOH
BORSTEL-HOHENRADEN
HAMMER-KAMPSWEG
WULFSMÜHLE
P
START (BAHNHOF)
PINNEBERGER STR.
WENDEPUNKT
GARSTEDTER WEG
BRANNENTWIETE
SIEBENDÖRFERWEG
ALTE LANDSTR.
TENNIS-PLATZ
N
S
WULFSMÜHLENW.
SAND-PARKPLATZ
RABENHORST
MÜHLENAU
RICHTUNG HAMBURG
BÖNNINGSTEDT
1 DORFSTRASSE
2 AM BARKENKAMP
3 KLÖVENSTEEN
4 OSTERMOORTWIETE
5 HASLOHER WEG
6 MOORWEG
7 AM HAGEN
8 ORTSFELD
9 OSTERMOORWEG
10 DEEPENWISCHENW.
11 WINZELDORFER STR.
12 RÜBENKAMPSTWIETE
13 KIRSCHENALLEE
14 LADE STRASSE

TOUR NR. 2

VON HASLOH ZUR WULFSMÜHLE

22,5 KM / EINGESCHRÄNKT EINSTEIGER-GEEIGNET

LAGE:
Nordwestlich von Hamburg, zwischen Pinneberg und Norderstedt.

STARTPUNKT:
Parkplatz an der Dorfstraße, am (nur für Fußgänger passierbaren) Bahnübergang.

ANFAHRT:
ÖPNV: AKN bis Haltepunkt Hasloh. Den Bahnhof im Rücken, startet Ihr nach links und skatet auf der Ladestraße bis zum Bahnübergang. Über die Schienen gelangt Ihr zur Dorfstraße und zum Startpunkt.
Parken: B 4 (Kieler Straße) Richtung Hasloh, im Ort rechts ab in den Garstedter Weg, dann links über den „Barkenkamp" zum Parkplatz (Sackgasse/Dorfstraße).

STRECKENCHARAKTER:
99% Asphalt, Rest Sand/Schotter. Durchgängig ebene Strecke. Rundkurs überwiegend auf wenig befahrenen Straßen, 2,5 km Rad- und Fußwege.

SPECIALS:
Gastro im Bahnhof und auf halber Strecke.

TIP:
Wulfsmühle ist sowohl bei Radlern als auch bei Skatern als Ausflugsziel sehr beliebt. Entsprechend voll sind die Pisten an sonnigen Wochenenden. An Wochentagen habt Ihr in den schönen Alleen und auf den Wegen durch Wälder, Wiesen und Felder freie Bahn. Die einzige Einschränkung: Die meisten Wege, auf denen Ihr unterwegs seid, sind für Autos freigegeben, wenn auch kaum befahren.

BESCHREIBUNG:
Folgt dem Weg „Am Barkenkamp", der Euch an die Kreuzung mit dem Garstedter Weg bringt. Skatet geradeaus weiter bis zur T-Kreuzung („Klövensteen") und biegt hier nach links ab. An der nächsten Kreuzung (km 1) rechts abbiegen. Vorbei am Ortsende geht es durch ein Waldstück. Hinter km 2 biegt der Hasloher Weg nach rechts ab; Ihr rollt hier nach links auf den Moorweg. Links liegt kurz vor km 3 ein Friedhof im Wald. Überquert den dazugehörigen Sand-Parkplatz nach rechts und die kleine Fußgängerbrücke über die Mühlenau. Anschließend auf bestem Asphalt weiter über die Allee „Am Hagen".
Bei km 3,5 biegt Ihr nach rechts ab: Der „Rabenhorst" ist recht schmal. Nach Überqueren der Kreuzung mit dem Hasloher Weg folgt Ihr dem „Ortfeld". Ihr skatet über einen Bahnübergang und rollt am Ortsschild Bönningstedt vorbei. An der folgenden T-Kreuzung nehmt Ihr den Ostermoorweg nach rechts, dann den Deepenwischenweg, nach links.
Kurz vor km 6 müßt Ihr mit einem Links-rechts-Schwenk die B4 überqueren; Euer Weg führt - leicht versetzt - über die Winzeldorfer Straße in gleicher Fahrtrichtung weiter. 400 m geradeaus, dann rechts (Wulfsmühlenweg). Laßt das Ortsschild von Bönningstedt hinter Euch und ignoriert mehrere kleine Seitenstraßen. Die Straße, der Ihr folgt, heißt nun „Brannentwiete". Bei km 9, an der T-Kreuzung, überquert Ihr die Landstraße. Dann folgt Ihr dem Radweg nach rechts und biegt nach 50 m links ab in den Siebendörferweg (guter Teer). Nun geradeaus, über eine schmale Pinnau-Brücke (Vorsicht: Huckel) bis zum idyllisch am See gelegenen Ausflugslokal „Wulfsmühle" (beliebt und entsprechend gut besucht).
Wendet hier und rollt auf gleichem Weg 4 km zurück, bis zum Ortsschild Bönningstedt. 200 m weiter links ab in die „Rübenkampstwiete": Schmale, zum Teil verschmutzte Fahrbahn, viel Grün rechts und links. Ihr trefft nach 600 m auf die Alte Landstraße (Allee) und biegt auf diese nach links ab. Vorbei geht es am Ortsschild Hasloh und an einer Tennisanlage mit Restaurant. An der Pinneberger Straße skatet Ihr nach links: Auf der rechten Seite der Straße gibt es einen Fuß- und Radweg mit zum Teil etwas holprigem Belag. Kurz vor km 17 auf den Hammerkampsweg (rechts abbiegen). Circa 1000 m weiter rechts ab in die Elisenhofstraße. Die Allee bringt Euch an Häusern und Bauernhöfen vorbei: Ein Verteilerkasten gibt das Signal zum nächsten Rechtsabbiegen (Försterweg), 200 m weiter erneut rechts (Immenhorstweg). Auf gutem Teer erreicht Ihr eine T-Kreuzung, an der Ihr nach rechts auf den Fuß- und Radweg an der B 4 abbiegt. Bis zur Ortschaft Hasloh sind es dann noch ca. 2 km.
Bei km 21,5 könnt Ihr an einer Ampel die B 4 überqueren und in die Kirschenallee skaten. Vor dem Bahnübergang, den Ihr 400 m weiter erreicht, rollt Ihr nach rechts in die Ladestraße (Vorsicht: Tempobremsen/Bodenwellen). Nur noch wenige hundert Meter und Ihr habt den Ausgangspunkt der Tour erreicht.

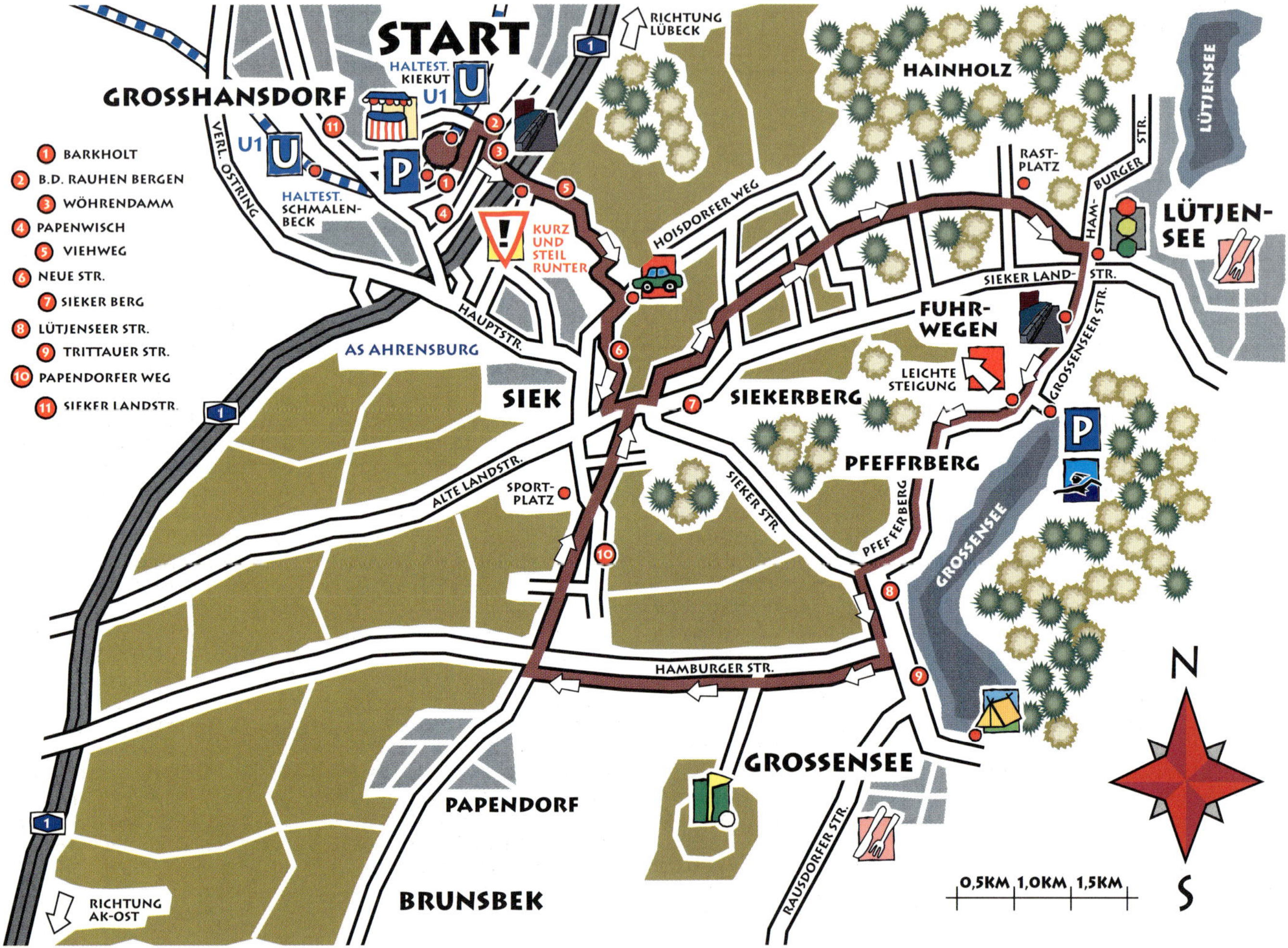
START
GROSSHANSDORF
HALTEST. KIEKUT
U1
HALTEST. SCHMALENBECK
VERL. OSTRING
1 BARKHOLT
2 B.D. RAUHEN BERGEN
3 WÖHRENDAMM
4 PAPENWISCH
5 VIEHWEG
6 NEUE STR.
7 SIEKER BERG
8 LÜTJENSEER STR.
9 TRITTAUER STR.
10 PAPENDORFER WEG
11 SIEKER LANDSTR.
KURZ UND STEIL RUNTER
RICHTUNG LÜBECK
HAINHOLZ
LÜTJENSEE
HOISDORFER WEG
RASTPLATZ
HAMBURGER STR.
LÜTJENSEE
SIEKER LANDSTR.
HAUPTSTR.
AS AHRENSBURG
FUHRWEGEN
LEICHTE STEIGUNG
GROSSENSEER STR.
SIEK
SIEKERBERG
PFEFFRBERG
ALTE LANDSTR.
SPORTPLATZ
SIEKER STR.
PFEFFERBERG
GROSSENSEE
HAMBURGER STR.
GROSSENSEE
PAPENDORF
RAUSDORFER STR.
BRUNSBEK
RICHTUNG AK-OST
0,5KM 1,0KM 1,5KM
N
S

TOUR NR. 3

VON GROSSHANSDORF NACH GROSSENSEE

22 KM / EINGESCHRÄNKT EINSTEIGER-GEEIGNET

LAGE:

Östlich von Hamburg, zwischen Ahrensburg und Trittau.

STARTPUNKT:

Parkplatz an der Straße „Barkholt", direkt am U-Bahnhof Kiekut in Großhansdorf.

ANFAHRT:

ÖPNV: U-Bahnlinie U1 nach Großhansdorf, Haltestelle Kiekut.
Parken: Von Hamburg aus über die BAB 1, Ausfahrt Ahrensburg. Weiter Richtung Großhansdorf und an der ersten Möglichkeit rechts auf die Sieker Landstraße. Erneut rechts abbiegen („Papenwisch") und dem Straßenverlauf folgen bis zur Straße „Bei den rauhen Bergen" - hier links einbiegen und der U-Bahn-Ausschilderung folgen. Parkplatz am U-Bahnhof.

STRECKENCHARAKTER:

98% Asphalt, 400 m Verbundsteinpflaster. Ebene Strecke mit sanften Schwüngen. Rundkurs überwiegend auf Rad- und Fußwegen, 2,5 km auf wenig befahrenen Straßen.

SPECIALS:

Bademöglichkeiten und mehrere Gastropunkte in Lütjensee und Großensee.

TIP:

Keine Spur von City-Life: Natur pur, mit Wald und Wiesen, Feldern und Seen. Nur am Wochenende und bei schönem Wetter müßt Ihr verstärkt mit Ausflugsverkehr rechnen. Erholung auf Rollen (bei Bedarf mit Badestop) ist angesagt.

BESCHREIBUNG:

Zwischen Kiosk und Parkplatz haltet Ihr Euch vor der U-Bahnstation links: Über die Straße „Barkholt" geht es auf rotem Verbundpflaster zur T-Kreuzung „Bei den rauhen Bergen". Hier rechts ab und auf den gepflasterten Bürgersteig. Biegt dann nach rechts auf den Wöhrendamm. An der Ampel überquert Ihr den Damm und skatet nach rechts weiter. Hinter einem Linksknick wechselt Ihr dann vom Bürgersteig auf die zum Teil recht rauhe Asphaltpiste (Tempo-30-Zone). Bleibt auf dem Wöhrendamm, der zum Ortsende hin ansteigt und Euch auf eine Brücke über die Autobahn bringt. Achtung: Die Abfahrt zur nachfolgenden Gabelung, an der Ihr links abbiegen müßt, ist kurz und steil.
Nur ein kleines Stückchen weiter skatet Ihr nach rechts auf den Viehweg Richtung Siek. Die Piste ist etwa 3 m breit und von Bäumen und Büschen gesäumt. Ihr folgt der Teerstrecke durch mehrere zum Teil scharfe Kurven bis zur T-Kreuzung in Höhe des Ortsschildes Siek: Hier rechts auf den Hoisdorfer Weg. Ihr müßt ein Stück Landstraße ohne Bürgersteig überbrücken: Vorsicht Verkehr!
Nach 100 m orientiert Ihr Euch links: Wechselt die Straßenseite und biegt in die Neue Straße ein. Ihr skatet durch ein Wohngebiet. Bei km 3,5 die nächste T-Kreuzung: Rollt nach links auf den Radweg an der Landstraße. Bei km 4 habt Ihr Anschluß an den Radwanderweg nach Lütjensee. Bei km 4,5 liegt rechts Siekerberg. Geradeaus über zwei Kreuzungen. Bei km 6 quert eine Straße Euren Weg. Geradeaus Richtung Hoisdorf-Lunken.
An der zweiten Kreuzung im Waldgebiet „Hainholz" liegt links ein Rastplatz. Hinter km 8 am Ende des Waldes, seht Ihr schon die Häuser von Lütjensee.
Wenn Ihr die Hamburger Straße in Lütjensee erreicht, müßt Ihr rechts abbiegen. Skatet auf dem geteerten Bürgersteig bis zur nächsten Ampel, an der Ihr die Sieker Landstraße überquert. Über mehrere Straßeneinmündungen geht es nun Richtung Großensee. Es wird waldiger, und der Bürgersteig wird zum Fuß- und Radweg. Bei km 10 liegt links ein Waldparkplatz mit Zugang zur Badestelle am Großensee (Abschnallen!).
Die Hauptroute führt mit leichter Steigung am Parkplatz vorbei. Ihr skatet durch den Ort Pfefferberg (auch die L 92 heißt „Pfefferberg"). Bei km 12 erreicht Ihr die Kreuzung am Ortsschild Großensee. Euer Weg führt hinter der Kreuzung an der Lütjenseer Straße entlang Richtung Zentrum. Folgt an der nächsten Kreuzung dem roten Verbundsteinpflasterweg nach rechts und überquert am Ende der Bushaltestelle die Hamburger Straße: Rechts herum folgt Ihr dem Bürgersteig zum Ortsausgang.
Alsbald rollt Ihr zwischen Feldern und Wiesen auf einem korrekt geteerten Fuß- und Radweg. Links liegt ein Golfplatz. Die Piste führt leicht bergauf nach Schierholzkate. Überquert den Abzweig nach Brunsbek und nehmt dann, auf der anderen Straßenseite der L 92, den Radwanderweg der Richtung Norden/Lütjensee abzweigt. Bei km 16,5 liegt ein Rastplatz am Weg. Über drei Kreuzungen, vorbei an einem Sportplatz erreicht Ihr bei km 18 die Kreuzung am Ortseingang von Siek: Überquert die „Alte Landstraße" und biegt nach links ab. Den Weg von Siek nach Großhansdorf kennt Ihr schon vom Beginn der Tour - nur die Richtung hat gewechselt. Ankunft am Startpunkt nach insgesamt 22 km.

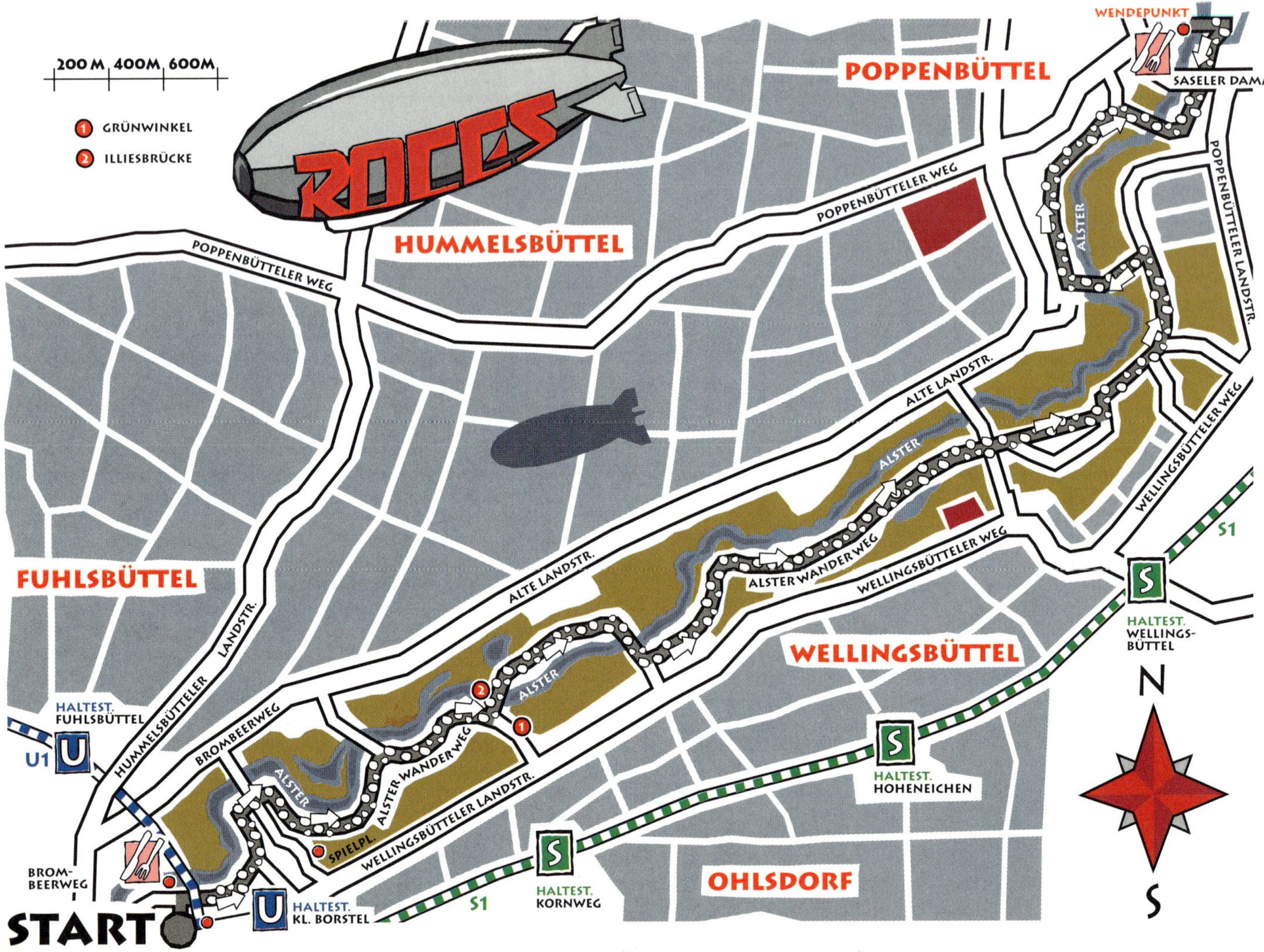

200 M 400M 600M
1 GRÜNWINKEL
2 ILLIESBRÜCKE
ROCCS
POPPENBÜTTEL
HUMMELSBÜTTEL
FUHLSBÜTTEL
WELLINGSBÜTTEL
OHLSDORF
WENDEPUNKT
SASELER DAMM
POPPENBÜTTELER WEG
POPPENBÜTTELER LANDSTR.
ALTE LANDSTR.
WELLINGSBÜTTELER WEG
WELLINGSBÜTTELER LANDSTR.
HUMMELSBÜTTELER LANDSTR.
BROMBEERWEG
ALSTER
ALSTERWANDERWEG
SPIELPL.
S1
U1
HALTEST. FUHLSBÜTTEL
HALTEST. WELLINGS-BÜTTEL
HALTEST. HOHENEICHEN
HALTEST. KORNWEG
HALTEST. KL. BORSTEL
BROM-BEERWEG
START
N
S

TOUR NR. 4

ALSTERWANDERWEG (OFFROAD)

15 KM / EINGESCHRÄNKT EINSTEIGER-GEEIGNET

LAGE:
Im Hamburger Norden, zwischen Ohlsdorf und Poppenbüttel.

STARTPUNKT:
Parkplatz Wellingsbütteler Landstraße, am U-Bahnhof Klein-Borstel.

ANFAHRT:
ÖPNV: U-Bahnlinie U1 bis Bahnhof Klein-Borstel, Ausgang Wellingsbütteler Landstraße, der Startpunkt liegt rechts.
Parken: Aus Westen über Alsterkrugchaussee und Ratsmühlendamm (aus Südosten über die Fuhlsbütteler Straße) zur Wellingsbütteler Landstraße. An dieser Straße liegt der U-Bahnhof Klein-Borstel und gleich daneben ein Parkplatz.

STRECKENCHARAKTER:
95% Schotter/Sand, Rest Asphalt und Verbundsteinpflaster. Strecke mit seltenen, leichten Steigungen und Gefällen. Hin- und Retour-Strecke auf Rad- und Fußwegen.

SPECIALS:
Kanu- und Fahrradverleih an der Poppenbütteler Schleuse. Gastropunkte am Start und am Wendepunkt. Spielplatz. Abstecher zum Frei- und Hallenbad zwischen Alsterwanderweg und S-Bahnhof Ohlsdorf.

TIP:
Wer Cross- bzw. Enduro-Pisten mag und zugleich Publikum, der rollt hier goldrichtig. Eine abwechslungsreiche Tour durch innerstädtisches Grün. Am Wochenende reichlich Ausflugsverkehr. Wir empfehlen spezielle Offroad-Skates zu benutzen. Wer Kondition hat, kann die Fahrt nach Norden oder Süden beliebig ausweiten.

BESCHREIBUNG:
Vom asphaltierten Parkplatz aus führt zwischen Albert-Schweitzer-Gymnasium und Bahndamm eine kleine Teerstraße leicht bergab zur Alster. Schon nach den ersten 200 m liegt links ein Café mit Biergarten am Fluß (Clubheim VfW Oberalster). Euer Weg führt nach rechts, flußaufwärts. Ihr skatet auf dem „Alsterwanderweg", auf festem Sand. Es geht unter einer Eisenbahnbrücke durch.
An der folgenden Weggabelung biegt Ihr links ab, bleibt also am östlichen Ufer. Im weiteren Streckenverlauf solltet Ihr Euch an kleineren Abzweigungen stets auf jenen Wegen halten, die Euch möglichst dicht am Fluß entlang führen.
Kurz vor km 1 laßt Ihr links eine kleine Brücke über die Alster liegen. An der folgenden Lichtung gibt es rechts einen Spielplatz. An der nächsten Weggabelung links halten, vorbei an einer Brücke. Erst hinter km 2, wenn von rechts der „Grünwinkel" bis an die Alster heranführt und der Ostuferweg endet, wechselt Ihr über die Illiesbrücke (Teergranulat) auf das westliche Flußufer.
150 m weiter liegt links ein Teich; an der folgenden Gabelung rollt Ihr nach rechts, weiterhin flußaufwärts. An der Weggabelung, die Ihr nach 500 m erreicht, wechselt der Untergrund: Ein Weg mit rauhem, geflicktem Teer bringt Euch nach 100 m an die nächste Brücke, die Ihr nutzt, um an das östliche Flußufer zurückzukehren. Links halten und weiter flußaufwärts rollen. Vorbei an einer Brücke und an einer Weggabelung (links halten) erreicht Ihr hinter km 4,5 eine T-Kreuzung: Rollt zunächst links in Richtung Fluß, gleich anschließend rechts an der roten Parkbank vorbei und wieder links Richtung Alster. Nun geht es ein Stückchen geradeaus bis zur nächsten Weggabelung (hier erneut links zum Fluß). Über eine hölzerne Bachbrücke kommt Ihr zu einer T-Kreuzung, an der Ihr links fahrt. Die nächste Alsterüberquerung ist fällig (Brücke mit Teergranulat). Am Westufer weiter flußaufwärts. Hinter km 6,5 müßt Ihr über eine hölzerne Bachbrücke, an der folgenden Weggabelung rechts halten. Kurz danach wechselt Ihr noch einmal das Ufer. Ein Weg mit Verbundsteinpflaster führt am Fluß weiter und unter der Straßenbrücke (Saseler Damm) durch. Nach der Unterführung habt Ihr wieder Sand unter den Rollen. Bevor Ihr die Staustufe erreicht, bringt Euch eine Brücke über einen Alsterarm. Links über die Staustufe führt ein Weg Richtung Biergarten am Wendepunkt (Abstecher: Rechts geht es weiter flußaufwärts.). Neben dem Café/Restaurant findet Ihr einen Kanu- und Fahrradverleih. Rückweg gleich Hinweg!

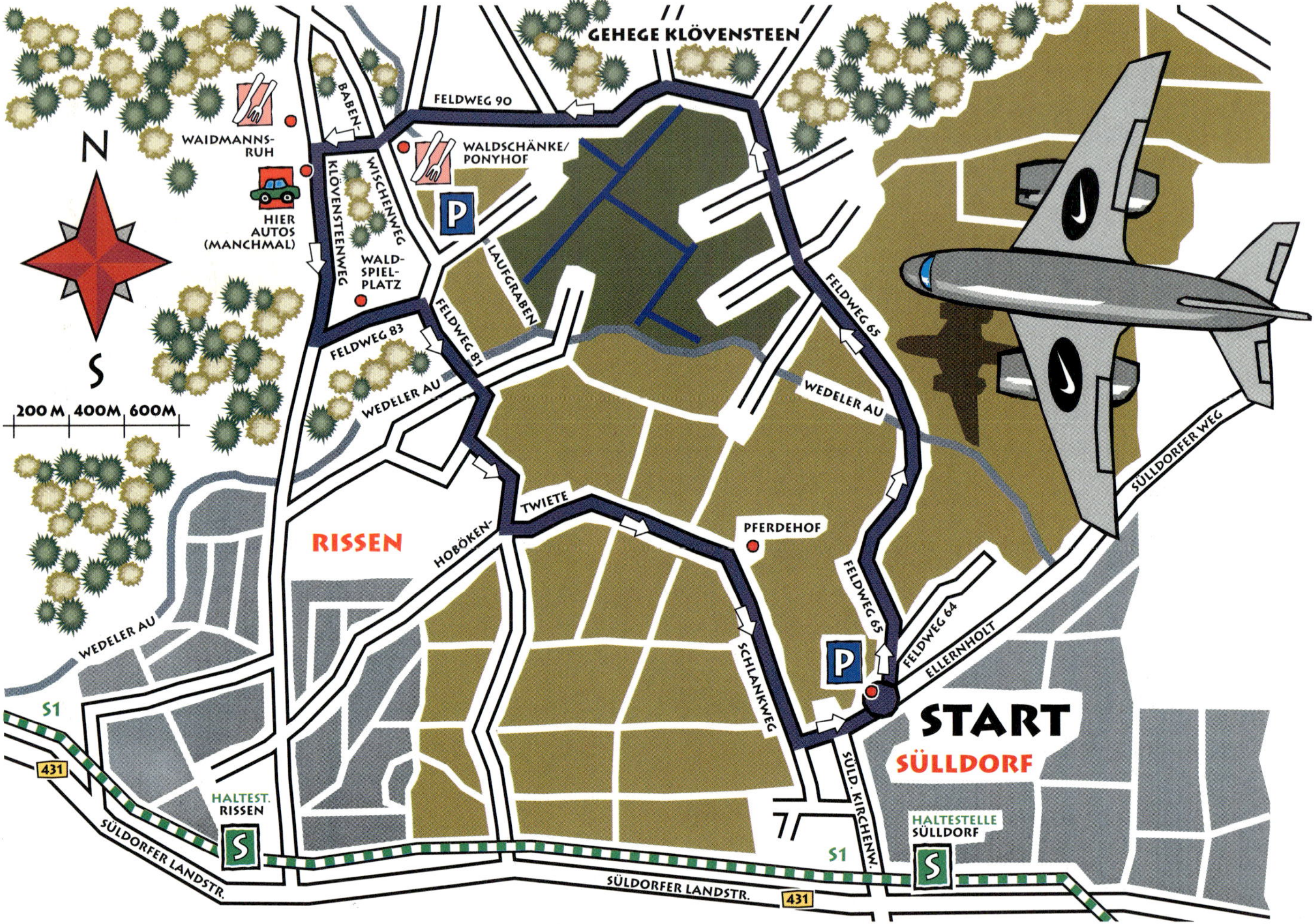

GEHEGE KLÖVENSTEEN
FELDWEG 90
BABEN-
WAIDMANNS-
RUH
WALDSCHÄNKE/
PONYHOF
N
S
HIER
AUTOS
(MANCHMAL)
KLÖVENSTEENWEG
WISCHENWEG
WALD-
SPIEL-
PLATZ
LAUFGRABEN
P
FELDWEG 83
FELDWEG 81
FELDWEG 65
WEDELER AU
200 M
400M
600M
TWIETE
HOBÖKEN-
RISSEN
PFERDEHOF
SCHLANKWEG
FELDWEG 64
ELLERNHOLT
SÜLLDORFER WEG
START
SÜLLDORF
SÜLD. KIRCHENW.
S1
431
HALTEST.
RISSEN
HALTESTELLE
SÜLLDORF
S
SÜLDORFER LANDSTR.

TOUR NR. 5

SÜLLDORF

8 KM / EINSTEIGER-GEEIGNET

LAGE:

Westlich von Hamburg, zwischen Rissen und Schenefeld.

STARTPUNKT:

Sand-Parkplatz an der Straße „Ellernholt", nördlich von Sülldorf.

ANFAHRT:

ÖPNV: S-Bahnlinie S1 bis Haltestelle Sülldorf. Auf den Sülldorfer Kirchenweg in Richtung Norden. Nach 800 m macht die Straße einen Rechtsknick, heißt nun „Ellernholt" und bringt Euch nach 200 m zu einem Parkplatz.
Parken: B 431 Richtung Wedel. Wenn Ihr unter der S-Bahnbrücke in Iserbrook durchgefahren seid, biegt Ihr an der nächsten Möglichkeit rechts ab (Sülldorfer Kirchenweg). Nach dem Rechtsknick am Ende der Straße findet Ihr 200 m weiter den Parkplatz an der Straße „Ellernholt".

STRECKENCHARAKTER:

100% Asphalt. Achtet auf Verschmutzungen. Durchgängig ebene Strecke. Rundkurs, ein Drittel über wenig befahrene Straßen, zwei Drittel über autofreie Pisten.

SPECIALS:

Reitmöglichkeiten, Waldschänke.

TIP:

Idyllischer Rundkurs durch Wald- und Weidelandschaft dazu reichlich Pferde. In der Umgebung gibt es mehrere Möglichkeiten, auf's (hohe) Ross umzusteigen.

BESCHREIBUNG:

Vom Sand-Parkplatz aus orientiert Ihr Euch nach links über die Straße „Ellernholt". Aber schon nach wenigen Metern biegt Ihr nach links auf den Feldweg 65 ab, der nur für Land- und Forstwirtschaftsverkehr freigegeben ist. Die 3 m breiteTeerstrecke führt zwischen Pferde- und Rinderweiden durch. Der abzweigende Feldweg 64 erweist sich schnell als Sackgasse, also daran vorbei. Laßt links einen Bauernhof liegen und skatet am Abzweig hinter km 1,5 geradeaus weiter. Hinter km 2 - rechts liegt das Waldgebiet Klövensteen - ist der Belag neu.
Hinter km 3 endet der Wald, und Ihr skatet auf dem Feldweg 90 geradeaus weiter. Es geht durch eine Allee, über eine gepflasterte Bachbrücke (Laufgraben) und wieder ab in den Wald. An der nächsten Kreuzung gibt es nicht nur ein Restaurant mit Biergarten, sondern auch Reit-Ponys. Es geht über eine Querstraße (Babenwischenweg) und an der T-Kreuzung bei km 4 nach links auf den Klövensteenweg. Jetzt müßt Ihr wieder mit Pkw-Verkehr rechnen. Die vier Bodenwellen, über die Ihr dann rollt, zeigen Euch die Lage von Krötentunneln unter der Fahrbahn an. Wenn dann nach links der Feldweg 83 abzweigt, folgt Ihr ihm und seid die lästigen Pkw's erst mal wieder los.
Nach 100 m liegt links ein Spielplatz im Wald. An der nächsten T-Kreuzung skatet Ihr nach rechts auf den Feldweg 81. Über den Bach und geradeaus bis zur Kreuzung bei km 6: Links in die „Hobökentwiete" später Schlankweg, der nach etwa 1 km an einem Pferdehof vorbei führt. 400 m noch, dann erreicht Ihr erneut den Stadtteil Sülldorf. Ihr folgt dem „Ohlnhof" nach links bis zur Ecke „Sülldorfer Kirchenweg/ Ellernholt". Die S-Bahn-Benutzer biegen hier nach rechts ab, die Autofahrer rollen noch 200 m geradeaus bis zum Parkplatz.

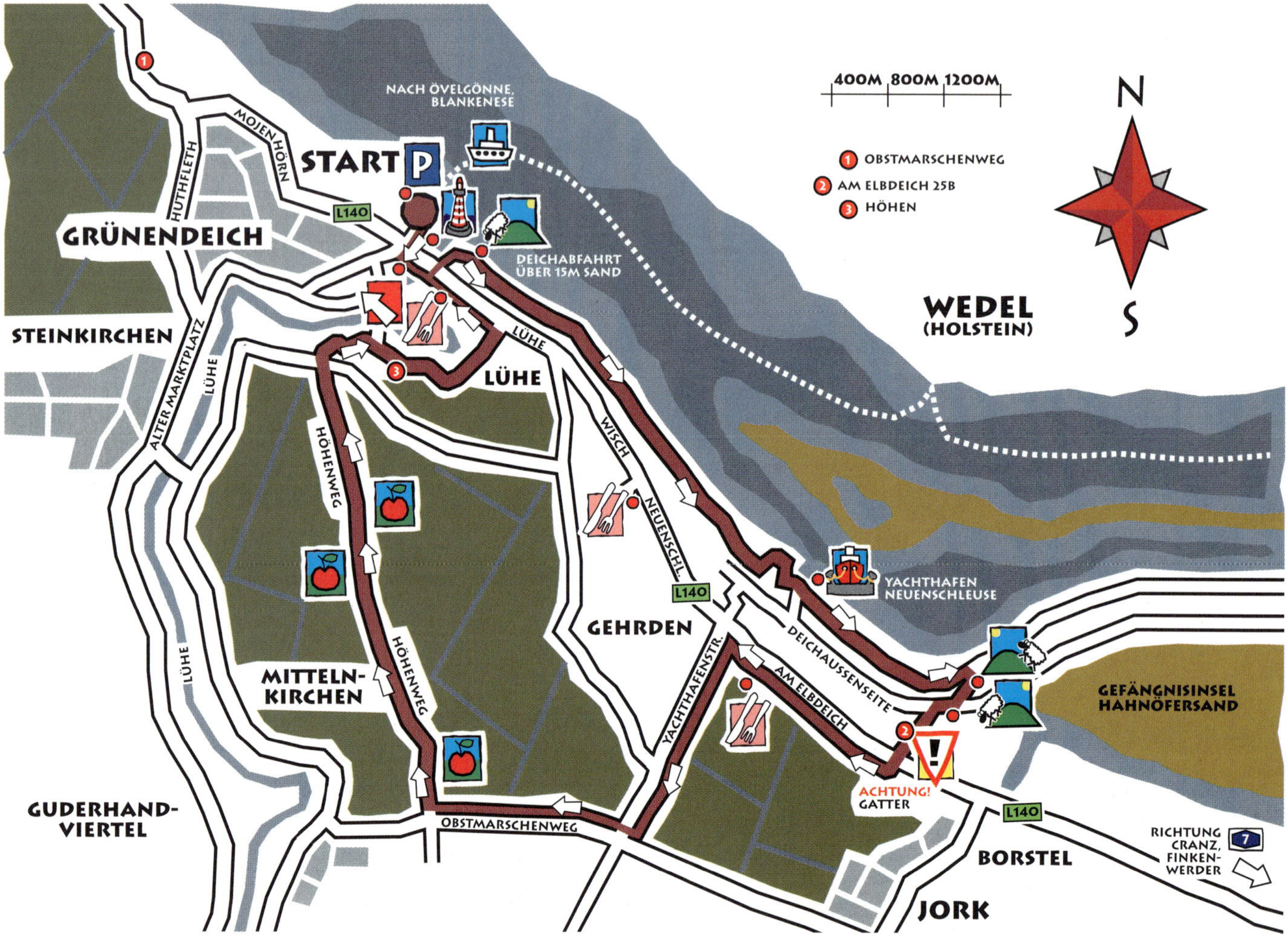

START
NACH ÖVELGÖNNE, BLANKENESE
400M 800M 1200M
N
S
1 OBSTMARSCHENWEG
2 AM ELBDEICH 25B
3 HÖHEN
GRÜNENDEICH
HUTHFLETH
MOJEN HÖRN
L140
DEICHABFAHRT ÜBER 15M SAND
WEDEL (HOLSTEIN)
STEINKIRCHEN
LÜHE
ALTER MARKTPLATZ
HÖHENWEG
WISCH
NEUENSCHL.
YACHTHAFEN NEUENSCHLEUSE
GEHRDEN
DEICHAUSSENSEITE
AM ELBDEICH
YACHTHAFENSTR.
MITTELN-KIRCHEN
GEFÄNGNISINSEL HAHNÖFERSAND
ACHTUNG! GATTER
GUDERHAND-VIERTEL
OBSTMARSCHENWEG
BORSTEL
RICHTUNG CRANZ, FINKEN-WERDER
7
JORK

TOUR NR. 6

GRÜNENDEICH IM ALTEN LAND

16 KM / EINGESCHRÄNKT EINSTEIGER-GEEIGNET

LAGE:

Am südlichen Elbufer zwischen Stade, Buxtehude und Hamburg.

STARTPUNKT:

Parkplatz Fähranleger Lühe/Grünendeich.

ANFAHRT:

Parken: Von Hamburg über die BAB 7 (Elbtunnel), Ausfahrt Waltershof. Weiter über Finkenwerder und Cranz am Elbdeich entlang bis Grünendeich/Lühe-Sperrwerk. Gleich anschließend rechts den Parkplatz hinter der Deichdurchfahrt ansteuern.
Per Schiff: Mit der Katamaranfähre von Landungsbrücken, Övelgönne, Teufelsbrück oder Blankenese bis Lühe/Grünendeich.

STRECKENCHARAKTER:

98% Asphalt, kurzes Stück Verbundsteinpflaster, 15 m Schotter/Sand vorm Sperrwerk zur Elbe. Zwei Drittel der Tour gehen über Rad- und Fußwege, ein Drittel auf wenig befahrenen Straßen. Durchgängig ebene Piste mit drei Deichüberquerungen.

SPECIALS:

Gastropunkte in Grünendeich und Borstel. Obstverkaufsstände an vielen Höfen.

TIP:

Durch die Obstplantagen lohnt sich eine Tour natürlich ganz besonders zur Blütezeit im Frühling und wenn die Früchte reif werden. Es gibt neben der Strecke ein paar ganz gute Freiflächen im Yachthafen und vor Hahnöfer Sand.

BESCHREIBUNG:

Ihr verlaßt den Parkplatz durch eine Deichdurchfahrt und überquert die folgende Kreuzung. Fahrt dann nach links auf den Fuß- und Radweg, der Euch zum Lühe-Sperrwerk hinaufbringt (Steigung). Hinter dem Sperrwerk, noch auf der Höhe des Elbdeiches, überquert Ihr erneut die Straße: Links halten, dann durchquert Ihr eine Deichpforte auf Höhe des Ortsschildes Borstel. Über einen 15 m langen, festen Sandweg fahrt Ihr den Deich hinunter zur Außendeichstrecke an der Elbe. Ihr skatet über einen glatten Teerweg, der für Kraftfahrzeuge gesperrt ist. Links liegen die Wedeler Marsch und die Elbe, rechts seht Ihr den Elbdeich.
Es geht stets geradeaus. Bei km 2,5 erreicht Ihr im Elbvorland die ersten größeren Bäume. Auf gleicher Höhe liegt rechts hinter dem Deich ein Restaurant.
Einen guten Kilometer weiter verlangt die Strecke kurz vor dem Yachthafen Neuenschleuse einen scharfen Linksschwenk, nach 50 m kommt Ihr - durch eine ebenso scharfe Rechtskurve - in das Hafengelände. In einer weiteren Kurve umfahrt Ihr das Hafenbecken. Dann teilt sich der Weg: Rechts führt eine Straße zum Deich hinauf, geradeaus eine zweite Straße weiter außen am Deich entlang. Ihr haltet Euch an dieser Gabelung geradeaus und skatet nach wie vor an der Elbe entlang.
Bei km 5 endet der Teerweg am Zaun zur Gefängnisinsel „Hahnöfer Sand". Nehmt nun den rechts liegenden Deichweg der Euch auf den Deich und wieder hinunter führt. Achtung: Gatter am Deichfuß. Ihr laßt einen Bauernhof links liegen und biegt dann nach links auf die Asphaltstraße „Am Elbdeich 25B" und damit zugleich auf die Radstrecke Richtung Hamburg/Cranz.
Nach 600 m mündet die Straße in die L 140: Überquert die Landstraße und biegt nach rechts ab auf den Radweg.
Etwa 1 km hinter dem Ortsende von Borstel findet Ihr ein Café, zur Erntezeit auch einen Obststand. An der nachfolgenden Kreuzung links abbiegen in Richtung Mittelnkirchen. Über ein Stück Verbundsteinpflaster und an einer einmündenden Straße vorbei geht es ca. 1,5 km bis zur nächsten Kreuzung: Hier skatet Ihr nach rechts in den Obstmarschenweg Richtung Stade/Steinkirchen. Gleich hinter dem Ortsschild Mittelnkirchen (km 10) biegt Ihr nach rechts ab in die Obstplantagen (Höhenweg). Der Radweg endet hier, vor Euch liegt eine von Obstbäumen gesäumte 4 m breite Asphaltstraße mit mäßigem Teer. Erst ein ganzes Stück weiter, an der Kreuzung bei km 13,5 heißt es wieder rechts abbiegen („Höhen"). 300 m weiter, hinter dem Ortsschild Borstel, haltet Ihr Euch rechts Richtung Cranz. Eine kleine Asphaltbrücke bringt Euch nach Lühe.
Wenn Ihr nun erneut die L 140 erreicht, geht der Weg nach links Richtung Stade.
Kurz vorm Anstieg zum Lühe-Sperrwerk liegt linker Hand noch eine Gastwirtschaft.
Hinter dem Sperrwerk geht es an der Kreuzung in Grünendeich rechts ab Richtung Ausgangspunkt.

U3
U2
U1
S21
HALTEST. STERNSCHANZE
UNI
150 M 300M 450M
N
S
HALTEST. DAMMTOR
PLANTEN UN BLOMEN
MESSE HAMBURG
HALTEST. MESSEHALLEN
HALTEST. STEPHANSPL.
ALSTERUFER
AUSSEN-ALSTER
B.D.KIRCHHÖFEN
ALTER BOTANISCHER GARTEN
HOLSTEN-GLACIS
GORCH-FOCK-WALL
POST/ZOLL
ESPLANADE
KENNEDYBR.
LOMBARDSBR.
AN DER ALSTER
DAMMTOR
COLON.
BUDAPESTER STR.
HALTEST. FELDSTR.
STADION FC.ST.-PAULI
JUSTIZ-GEB.
BINNEN-ALSTER
ST.GEORG
HALTEST. ST.PAULI
GLACISCHAUSSEE
ROLL-SCHUH-BAHN
HOLSTENWALL
KAISER-WILH.-STR.
HALTEST. GÄNSE-MARKT
HALTEST. JUNGFERN-STIEG
SKATER-TREFF AM ANLEGER
GLOCKENGIESSERWALL
KUNSTH.
HALTEST. HBF.-NORD
START
JUNGFERNST.
BALLINDAMM
ST.PAULI
MUS.
MILLERNTOR
NEUSTADT
HALTEST. MÖNCKE-BERGSTR.
HAUPT-BHF.
STEIN-TORWALL
HALTEST. SÜD
S1
(S2)
S3
REEPERBAHN
STARKES GEFÄLLE-KEIN AUSLAUF
HELGOL. ALL.
LUDWIG-ERHARD-STR.
HALTEST. STADTHS.-BRÜCKE
RATH.
HALTEST. RATHAUS
MÖNCKEBERGSTR.
HALTEST. STEINSTR.
HALTEST. LANDUNGSBR.
ST.-PAULI-LAND.-BR.
HALTEST. RÖDINGS-MARKT
ALTSTADT
HALTEST. MESSBG.
ST.-PAULI-LANDUNGSBR.
JOHANNISBOLLW.
OST-WEST-STR.
KLOSTERW.
DEICHTOR PL.
AMSINCKSTR.
NORDER-ELBE
ELBTUNNEL
HALTEST. BAUMWALL
ALSTERFLEET
HOHE BR.
DOVENFLEET
ZIPPELHS.
RICHTUNG I-PUNKT SKATELAND
VOR-SETZEN
A.D. SANDE
ZOLLKANAL
CAP SAN DIEGO
ANSCHLUSS AN TOUR NR.8
NIEDERBAUMBR.
OBERBAUMBRÜCKE

TOUR NR. 7

RUND UM DIE CITY

8 KM / FÜR FORTGESCHRITTENE

LAGE:

Citykurs zwischen Hafen und Binnenalster.

STARTPUNKT:

Ecke Millerntordamm/Reeperbahn/Helgoländer Allee/Glacischaussee.

ANFAHRT:

ÖPNV: U-Bahnlinie U3 bis Haltestelle St. Pauli. Ausgang zum Millerntorplatz. Ihr überquert das Endstück der Reeperbahn. Parken: Auf dem Heiligengeistfeld oder an der Glacischaussee gibt es Parkplätze (außer, wenn gerade der Hamburger Dom aufgebaut ist - vier Mal im Jahr). Der Startplatz liegt südlich, also Richtung Elbe.

STRECKENCHARAKTER:

45% Asphalt, ein Viertel rauh, 55% Verbundsteinpflaster. Strecke mit einigen leichten und einigen starken Steigungen, aber zu 80% ebene Piste. Rundkurs vorwiegend auf Rad- und Fußwegen.

SPECIALS:

Das komplette City-Angebot von der Kunstausstellung bis zur Hafenrundfahrt und zum Museumsschiff, vom Schwimmbad (Budapester Str.) bis zum Bootsverleih (Alster). Gastronomisch gibt es alles, was das Herz begehrt. Diverse Skater-Spots.

TIP:

Ihr startet an der Reeperbahn, skatet den touristischen Abschnitt zwischen Landungsbrücken und Deichtorplatz, rollt über die Kunst-Meile und nehmt die Shopping-Meile in Angriff. Am Weg liegt ein halbes Dutzend Skater-Spots. U.a. könnt Ihr vom Deichtorplatz geradeaus (Amsinckstr.) das i-Punkt-Skateland erreichen.

BESCHREIBUNG:

Vom Millerntorplatz aus müßt Ihr erst einmal die Reeperbahn überqueren: Rechts führt die Helgoländer Allee zum Hafen hinunter: Überquert diese Allee (Ampel) und nehmt den geteerten Radweg. Vorsichtig: Dosiertes Tempo und Bremse ziehen, denn Ihr habt am Ende des 500 m langen, starken Gefälles so gut wie keinen Auslauf. Überquert die St. Pauli Hafenstraße und biegt links vor den Landungsbrücken auf den Radweg. Ihr umkurvt einen Kiosk, fahrt am markanten Uhrenturm (Brücke 3) und am U-Bahnhof Landungsbrücken vorbei. Über eine Rampe gelangt Ihr nach rechts auf die Promenade an der Elbe entlang. Ihr rollt vorbei an den Brücken 2 und 1 und am Museumsschiff „Rickmer Rickmers". Zwischen km 1 und 1,5 liegt rechts die Überseebrücke mit der Cap San Diego. Rechts folgt der City- und Sportboothafen und die nachfolgende Niederbaumbrücke. Noch 'ne Brücke von rechts, dann rollt Ihr über den Alsterfleet (Otto Sill Brücke). Weiter geht es auf Verbundsteinpflaster. Die Hohe Brücke bringt Euch über den Nikolaifleet. Bei km 2 kreuzt die Straße „Auf dem Sande" Euren Weg. Rollt geradeaus zwischen kleiner Jungfernbrücke und Katharinenkirche durch. Vorbei am Abzweig zum Deutschen Zollmuseum bis zur Gabelung bei km 3. Bleibt links an der Ost-West-Straße. An der folgenden Kreuzung überquert Ihr die Straße „Oberbaumbrücke" (Ampel) und fahrt an den Deichtorhallen links herum auf den Weg an der rechten Fahrbahnseite. Am Deichtorplatz orientiert Ihr Euch links, überquert die Amsinckstraße (Ampel) und skatet am Klosterwall entlang mit leichter Steigung Richtung Hauptbahnhof. Überquert die Altmannbrücke und rollt auf dem Steintorwall (links liegt die Einkaufsstraße Mönckebergstraße) geradeaus weiter bis zum Hauptbahnhof mit seinem Vorplatz aus glatten Platten. Leicht bergab rollt Ihr zur Binnenalster. Vorbei geht es an der Kunsthalle, am dazugehörigen Theater „TiK". An der Galerie der Gegenwart die Straßenseite wechseln (Glockengießerwall), dann über den Ballindamm zur Binnenalster. Am Ufer nach links auf dem geteerten Weg weiterskaten. Bei km 5 rechts ab (Reesendammbrücke zum Jungfernstieg). Vorbei geht es am Skater-Spot am Anleger. Nach 400 m die Straßenseite wechseln und in die Colonnaden (links) einbiegen: Ihr findet den besten Plattenbelag rechts unter den Arkaden.
Hinter dem Gustav-Mahler-Platz, an der Esplanade, fahrt Ihr links ab. Die Dammtorstraße an der Ampel überqueren, weiter rechts über den Gorch-Fock-Wall (Ampel) und anschließend links leicht bergauf vorbei am Park „Planten un Blomen".
An der Weggabelung geht es links herum an der Straße entlang, rechts herum mit Anstieg an einem Café vorbei, beide Wege treffen sich später am Gorch-Fock-Wall. Geradeaus über eine Kreuzung, linker Hand liegt dann die Musikhalle. Am Karl Muck Platz orientiert Ihr Euch in Richtung „Holstenwall" und fahrt geradeaus auf dem neben der Straße verlaufenden Radweg. Bei km 7 liegt rechts der Parkeingang „Rollschuhbahn" (Inline-Hockey).
Die Hauptroute folgt dem Holstenwall vorbei am Museum für Hamburgische Geschichte. Am Millerntordamm skatet Ihr nach rechts. An der Ecke Millerntorplatz/Glacischaussee biegen Skater, die zur U-Bahn wollen, links ab. Die anderen halten schon mal Ausschau nach Ihrem Wagen.

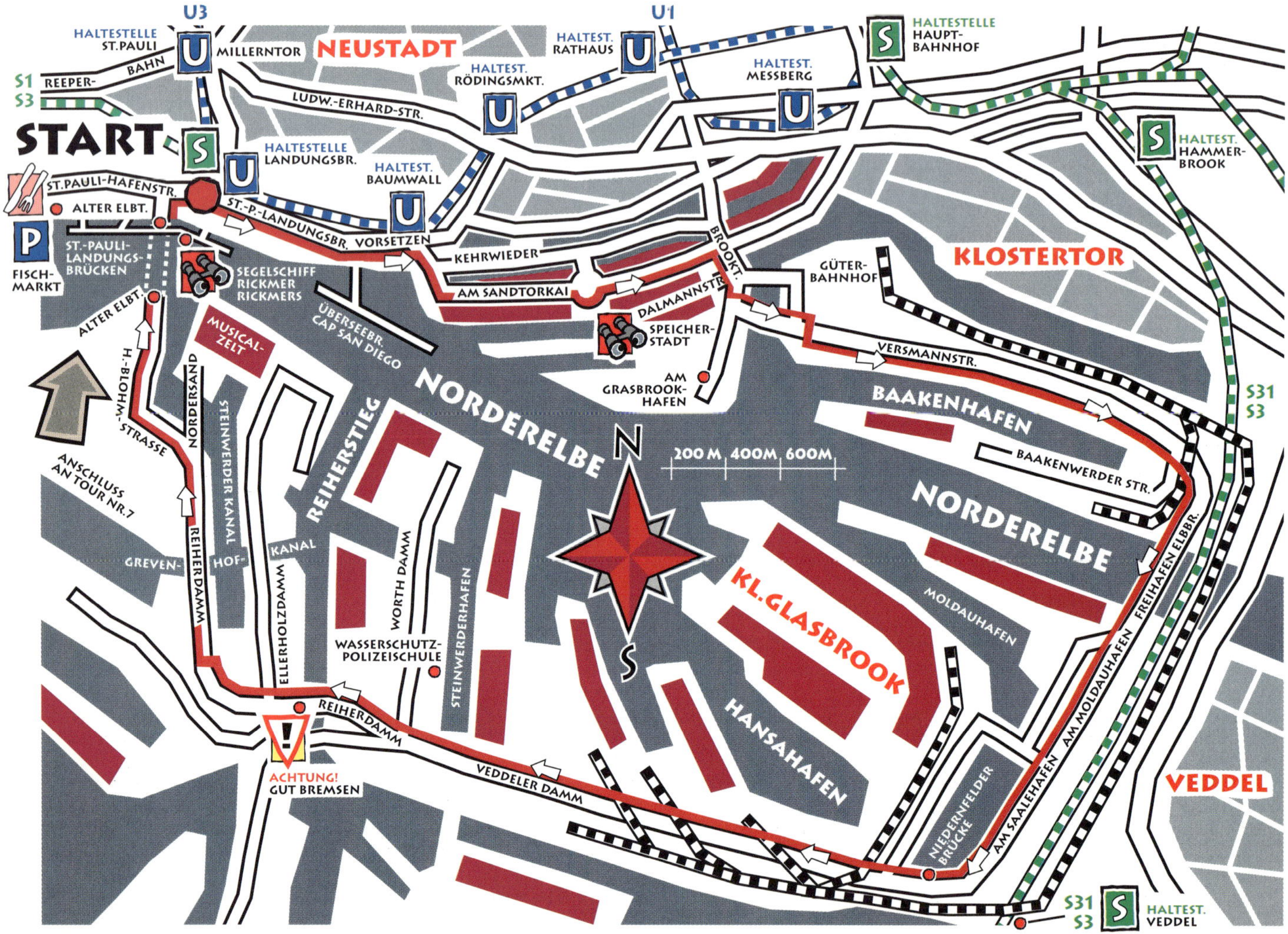
U3
HALTESTELLE ST.PAULI
MILLERNTOR
NEUSTADT
HALTEST. RATHAUS
U1
HALTESTELLE HAUPT-BAHNHOF
S1
S3
REEPER-
BAHN
HALTEST. RÖDINGSMKT.
HALTEST. MESSBERG
LUDW.-ERHARD-STR.
START
HALTESTELLE LANDUNGSBR.
HALTEST. BAUMWALL
HALTEST. HAMMER-BROOK
ST.PAULI-HAFENSTR.
ALTER ELBT.
ST.-P.-LANDUNGSBR.
VORSETZEN
KEHRWIEDER
BROOKT.
FISCH-MARKT
ST.-PAULI-LANDUNGS-BRÜCKEN
SEGELSCHIFF RICKMER RICKMERS
AM SANDTORKAI
DALMANNSTR.
GÜTER-BAHNHOF
KLOSTERTOR
ALTER ELBT.
MUSICAL-ZELT
ÜBERSEEBR. CAP SAN DIEGO
SPEICHER-STADT
VERSMANNSTR.
AM GRASBROOK-HAFEN
H.-BLOHM-STRASSE
NORDERSAND
STEINWERDER KANAL
NORDERELBE
BAAKENHAFEN
S31
S3
200 M
400M
600M
BAAKENWERDER STR.
REIHERSTIEG
ANSCHLUSS AN TOUR NR.7
NORDERELBE
N
S
GREVEN-
HOF-
KANAL
REIHERDAMM
ELLERHOLZDAMM
WORTH DAMM
STEINWERDERHAFEN
KL.GLASBROOK
MOLDAUHAFEN
FREIHAFEN ELBBR.
WASSERSCHUTZ-POLIZEISCHULE
AM MOLDAUHAFEN
REIHERDAMM
HANSAHAFEN
ACHTUNG!
GUT BREMSEN
VEDDELER DAMM
NIEDERNFELDER BRÜCKE
AM SAALEHAFEN
VEDDEL
S31
S3
HALTEST. VEDDEL

TOUR NR. 8

DURCH DEN FREIHAFEN

11 KM / FÜR FORTGESCHRITTENE

LAGE:
Im Hafengebiet, zwischen Innenstadt und Wilhelmsburg.

STARTPUNKT:
Treppenaufgang zur U-Bahnstation Landungbrücken, neben dem Uhrenturm an der Landungsbrücke 3.

ANFAHRT:
ÖPNV: U-Bahnlinie U3 bzw. S-Bahnlinien S1/S2/S3 bis Haltestelle Landungsbrücken. Vorm Bahnhof Richtung Hafen, ein paar Stufen hinunter zum Startpunkt. Parken: Am Fischmarkt bzw. an den Landungsbrücken gibt es Parkplätze. Orientiert Euch dann Richtung Brücke 3 und skatet bis zur Brücke am U-Bahnhof.

STRECKENCHARAKTER:
60% Verbundsteinpflaster, 40% Asphalt. Außer starken Steigungen/Gefällen an den Brücken durchgängig ebene Piste. Rundkurs auf Rad- und Fußwegen. 200 m wenig befahrene Straße.

SPECIALS:
Hafen-/Stadtrundfahrten. Diverse Gastropunkte. Abstecher: Deutsches Zollmuseum (Speicherstadt), Musicalzelt (Hafen).

TIP:
Eine ungewöhnliche Tour u.a. durch Hafen- und Gewerbegebiet. Vom alten Elbtunnel aus kann man sich elegant Richtung Fischmarkt durchschlagen.

BESCHREIBUNG:
Wer dem Trubel auf der Promenade ausweichen möchte, skatet zwischen „St. Pauli Landungsbrücken" und der eigentlichen Promenade auf dem Weg rechts der Straße (Verbundsteinpflaster).
Die Hauptroute folgt der Promenade nach Osten. Ihr skatet zwischen Straße und Elbe auf glattem Verbundpflaster. Vorbei an den Brücken 2 und 1, am Museumsschiff „Rickmer Rickmers" und Gastros. Hinter km 0,5 liegt rechts die Überseebrücke mit der „Cap San Diego". Die Straße links heißt „Vorsetzen", rechts seht Ihr den City- und Sporthafen. Kurz vor km 1 zweigt nach rechts die Niederbaumbrücke ab: Ihr nehmt die Betonbrücke über den Binnenhafen und rollt an der „Kehrwiederspitze" ein kurzes Stück über Verbundsteinpflaster. Es folgt die Wilhelminenbrücke, nach der Ihr den mit Gehwegplatten befestigten Fußweg nehmen könnt. Die Straße, an der Ihr längs fahrt, heißt „Am Sandtorkai".
Rollt geradeaus durch einen Kreisverkehr. Auf rotem Pflaster fahrt Ihr an einem Teil der historischen Speicherstadt vorbei. Bei km 2 skatet Ihr rechts ab um das Polizeigebäude in die Straße „Brooktor" (plattierter Radweg).
Geradeaus über die Dalmannstraße, vor der Straße „Am Grasbrookhafen" die Straßenseite wechseln und auf der Teerbrücke über den Magdeburger Hafen. Nach 150 m erneut ein Wechsel auf die andere Straßenseite: Ihr rollt an der Versmannstraße entlang, auf einem Fuß- und Radweg mit rauhem Verbundsteinpflaster. Nervig: Einfahrten mit Kopfsteinpflaster. Hinter km 4 überquert Ihr die Baakenwerder Straße, kreuzt anschließend die Schienen und fahrt in einer langen Rechtskurve und mit leichtem Anstieg zur Freihafen Elbbrücke hinauf. Über die Elbe und leicht bergab auf einem Radweg. Nun skatet Ihr stets geradeaus. Die Straße wechselt ihren Namen, erst „Am Saalehafen" dann Veddeler Damm. Mehrfach kreuzen Seitenstraßen und Schienen Euren Weg.
Bei km 6 skatet Ihr über die Niedernfelder Brücke. Der Belag wechselt mehrfach. Bei km 8 zweigt nach rechts ein Weg Richtung Wasserschutzpolizeischule ab: 200 m weiter, an der Weggabelung, rollt Ihr halbrechts, den Reiherdamm hoch und überquert den Reiherstieg (geteerte Brücke). Achtung: Es geht im Anschluß steil bergab (Bremsen! Wenig Auslauf!) und Ihr müßt über den quer verlaufenden Ellerholzdamm. Ihr folgt dem Reiherdamm, bis dieser zur Kopfsteinpflasterstraße wird. Weicht dann am Besten auf den linken Bürgersteig aus. Hinter km 9 bringt Euch eine Teerbrücke über den Grevenhofkanal. Geradeaus, vorbei an der Straße „Nordersand" (Abstecher zum Musicalzelt). Die Hauptroute folgt der Herm.-Blohm-Straße. Hinter km 10 gibt es rechts eine Treppe zum Fähranleger (Fähre 75 zu den Landungsbrücken). Dann erreicht Ihr den „Alten Elbtunnel". Rechts am Gebäude findet Ihr eine Treppe bzw. einen Fahrstuhl: Nix wie runter und durch die Tunnelröhren unter der Elbe ans andere Ufer. Treppe und Fahrstuhl helfen beim „Auftauchen". Ihr findet Euch bei den Landungsbrücken wieder. Wer am Fischmarkt geparkt hat, verabschiedet sich nach Westen (links), die anderen rollen an den Landungsbrücken entlang. An der Brücke 3 führt eine Treppe zur U-Bahnstation „Landungsbrücken". Geschafft...

GEFÄNGNISINSEL HAHNÖFERSAND
HINTERBRACK
HINTERBRACK
ELBE (MÜHLENBERGER LOCH)
1 CRANZER ELBDEICH
2 ESTEDEICH
3 AM ALTEN ESTESPERRWERK
4 NEUENFELDER FÄHRDEICH
5 ALTER FÄHRWEG
6 DOMÄNENDEICH
7 OBSTMARSCHENWEG
8 WELLENSTR.
CRANZER HAUPTDEICH
ESTE SPERRWEK
START
CRANZ
ALTES FÄHRHAUS
ACHTUNG! STUFEN UND BETONBRÜCKE
SIETAS WERFT
LEESWIG
LEESWIG
ESTE
ESTE
KÖNIGREICH (ZU JORK)
GROSS HOVE
GROSS HOVE
KÖNIGREICHER STR.
NEUENFELDER STR.
DOMÄNENWEG
N
GROSS-HOVE (ZU JORK)
NINCOPER STR.
ESTE
NEUENFELDER STR.
200 M 400M 600M
S

TOUR NR. 9

AN ESTE UND ELBE

14 KM / EINGESCHRÄNKT EINSTEIGER-GEEIGNET

LAGE:
Am südlichen Elbufer, im Alten Land, zwischen Jork und Finkenwerder.

STARTPUNKT:
Parkplatz Cranzer Hauptdeich/Estedeich.

ANFAHRT:
Parken: Von Hamburg über die BAB 7 (Elbtunnel), Ausfahrt Waltershof. Weiter über Finkenwerder, am Este-Sperrwerk vorbei und an der Sietaswerft. Wenn ein Schild nach links zur Ortsmitte Cranz weist, langsam: An dieser Einmündung liegt der Parkplatz.
Per Schiff: Katamaranfähre von den Landungsbrücken, Övelgönne, Teufelsbrück oder Blankenese (Strandweg) nach Cranz.

STRECKENCHARAKTER:
99% Asphalt, 1% Verbundsteinpflaster. Bis auf zwei Deich- und zwei Brückenüberquerungen (Treppen) durchgängig ebene Piste. Rundkurs zur Hälfte auf Rad- und Fußwegen, zur Hälfte auf wenig befahrenen Straßen.

SPECIALS:
Rudern, Paddeln und Baden an der Este.

TIP:
Tour für Menschen mit Faible für die Natur. Esteblick wechselt mit Elbblick. Reizvolle Obstplantagen. Selbstgepreßter Apfelsaft und spitzenmäßige Obsttorten. Orte mit Charme. Langsam bitte auf den Fußwegen in Cranz und zur Estebrücke.

BESCHREIBUNG:
Wechselt auf die andere Straßenseite des Estedeiches und schwenkt auf den Verbundpflasterweg: Links steht ein Funkmast, rechts liegt ein Imbiß, dahinter ein alternativer Parkplatz. Nach 100 m könnt Ihr links auf den nebenlaufenden Deich rollen. Nach 200 m liegt links das „Alte Fährhaus" (Gastronomie). Hier, an der Anlegestelle der Fähre, treffen sich die Skater, die mit dem Auto angereist sind, mit jenen, die das Schiff genommen haben. Der Deichweg führt Euch vorbei an Läden und Cafés. Bitte vorsichtig fahren, denn der Weg ist schmal und hügelig.
Am folgenden Wegdreieck seht Ihr links schon das nächste Ziel liegen: Ihr rollt zu den grünen Schleusenhäuschen des alten Este-Sperrwerks und überquert hier die Este. Achtung: Ein paar Stufen und eine Betonbrücke warten auf Euch. An der östlichen Uferseite erreicht Ihr eine Kopfsteinpflaster-Straße (Neuenfelder Fährdeich) und biegt nach rechts auf einen geteerten Fußweg ab. Über eine Straßeneinmündung (Alter Fährweg) und durch eine Linkskurve rollt Ihr geradeaus bis zum Ende des Bürgersteigs. 700 m weiter (Asphaltstraße oder Verbundsteinpflaster auf dem kleinen Deich zur Linken) skatet Ihr nach rechts auf die Straße „Groß Hove". Hier habt Ihr weitgehend freie Bahn (wenig Verkehr, guter Teer). Links läuft weiterhin der kleine Deich mit, der die Este bei Hochwasser bändigen soll.
Bei km 2,5 liegen links die ersten Häuser von Groß-Hove. Kurz vor km 5 überquert die Straße den Deich. 1,5 km weiter biegt Ihr an der Ampel (geradeaus geht es nach Moorende) rechts ab auf den geteerten Radweg. Leicht aufwärts geht es zur Este-Brücke. Über ein leichtes Gefälle rollt Ihr zu einer Kreuzung im Dörfchen Königreich und fahrt nach rechts in die Königreicher Straße. Wenn Ihr die Straße überquert, kommt Ihr auf den Radweg nach Cranz. Gut 1,5 km durch den Ort, dann zweigt nach links die Wellenstraße ab. Nach weiteren 1,5 km findet Ihr Euch inmitten von üppigen Obstplantagen wieder.
An der nächsten T-Kreuzung nach rechts auf die Kreisstraße am Elbdeich, Richtung Hamburg-Cranz. Gleich darauf wechselt Ihr die Straßenseite und rollt über einen Parkplatz links den Deich hinauf, Ausblick genießen, und wieder abwärts. Rechtsschwenk vor der Schleuse und über die autofreie Piste direkt an der Elbe flußaufwärts. Noch etwa 4 km, dann kommt das Este-Sperrwerk in Sicht. Eine Betontreppe bringt Euch über den Deich (notfalls abschnallen) und zurück zum Parkplatz.
Zusätzlicher Abstecher: Von Groß-Hove über Klein-Hove nach Estebrügge und dort über die Este. Am westlichen Ufer dann zur Buxtehuder Straße und weiter nach Königreich (2,5 km mehr).

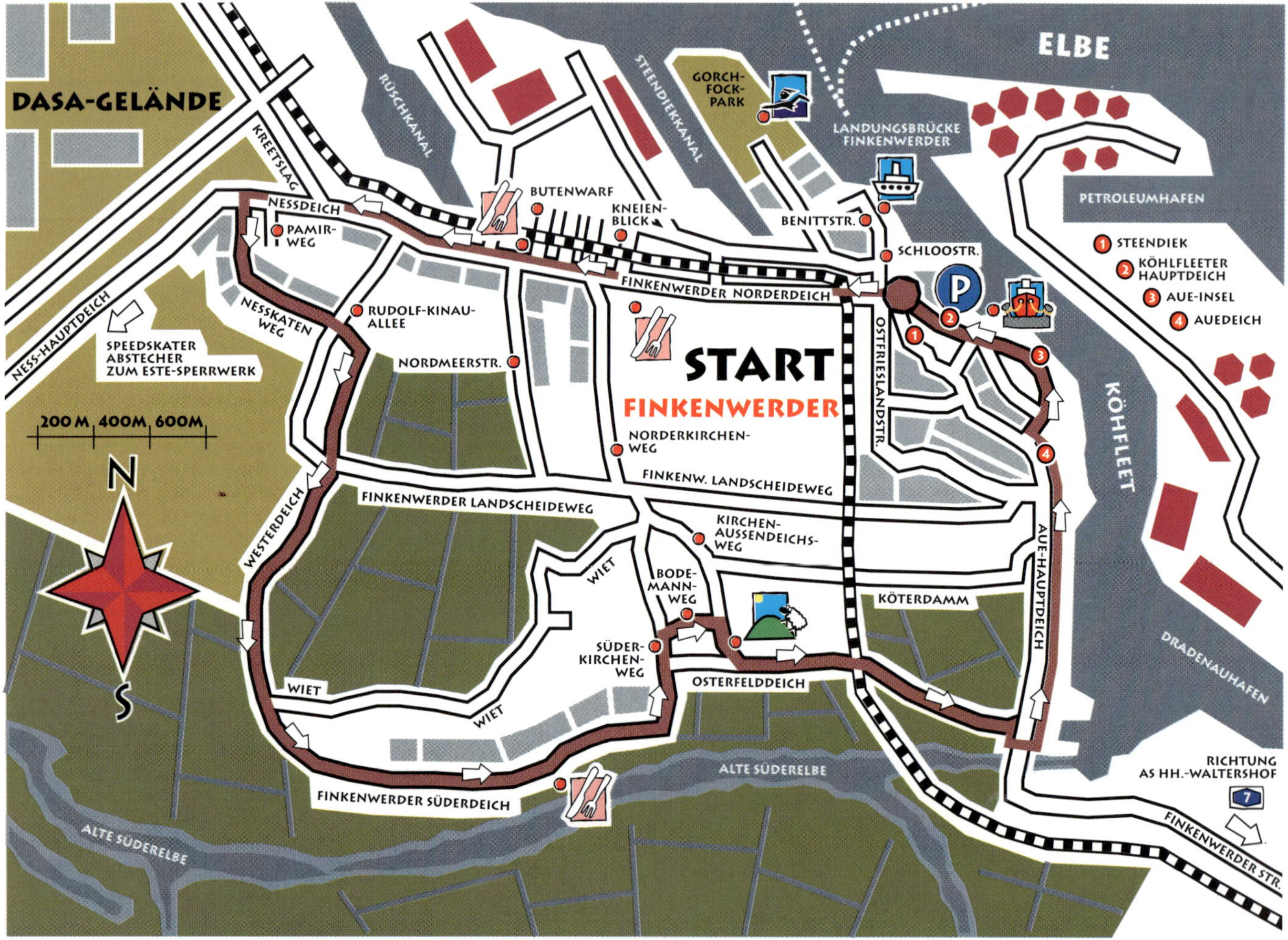
ELBE
DASA-GELÄNDE
RÜSCHKANAL
STEENDIEKKANAL
GORCH-FOCK-PARK
LANDUNGSBRÜCKE FINKENWERDER
PETROLEUMHAFEN
KREETSLAG
NESSDEICH
BUTENWARF
KNEIEN-BLICK
BENITTSTR.
SCHLOOSTR.
PAMIR-WEG
1 STEENDIEK
2 KÖHLFLEETER HAUPTDEICH
3 AUE-INSEL
4 AUEDEICH
FINKENWERDER NORDERDEICH
NESS-HAUPTDEICH
NESSKATEN WEG
RUDOLF-KINAU-ALLEE
SPEEDSKATER ABSTECHER ZUM ESTE-SPERRWERK
OSTFRIESLANDSTR.
NORDMEERSTR.
START
FINKENWERDER
200 M 400M 600M
NORDERKIRCHEN-WEG
FINKENW. LANDSCHEIDEWEG
KÖHLFLEET
N
FINKENWERDER LANDSCHEIDEWEG
KIRCHEN-AUSSENDEICHS-WEG
WESTERDEICH
WIET
BODE-MANN-WEG
AUE-HAUPTDEICH
KÖTERDAMM
DRADENAUHAFEN
SÜDER-KIRCHEN-WEG
OSTERFELDDEICH
S
WIET
WIET
RICHTUNG AS HH.-WALTERSHOF
ALTE SÜDERELBE
7
FINKENWERDER SÜDERDEICH
ALTE SÜDERELBE
FINKENWERDER STR.

TOUR NR. 10

FINKENWERDER

10 KM / EINGESCHRÄNKT EINSTEIGER-GEEIGNET

LAGE:
Südwesten Hamburgs, südlich der Elbe.

STARTPUNKT:
Kreuzung am „Steendiek", in einer Kurve der Hauptstraße durch Finkenwerder.

ANFAHRT:
Parken: BAB 7(Elbtunnel), Ausfahrt Waltershof. Weiter Richtung Finkenwerder. Im Ortskern am „Steendiek" rechts ab in den „Köhlfleeter Hauptdeich" und hier parken. Ein Stück zurücklaufen zum Startpunkt.
Per Schiff: Von St. Pauli Landungsbrücken mit der Elbfähre 62 zur Landungsbrücke Finkenwerder. Von dort links auf der Benittstraße zum Startpunkt „Steendiek".

STRECKENCHARAKTER:
80% Asphalt, 20% Verbundsteinpflaster. Strecke mit seltenen, leichten Steigungen und Gefällen. Rundkurs zur Hälfte auf Rad- und Fußwegen und zur Hälfte auf wenig befahrenen Straßen.

SPECIALS:
Diverse Gastropunkte. Abstecher (über die Schloostraße) zum Hallen- und Freibad am Gorch-Fock-Park.

TIP:
Natur, Kleinstadt-Idyll und Hafenambiente: Eine Mischung, die Touren-Skatern ebenso zusagen wird, wie Fitness-Skatern. Noch ein Tip für Speedfans: Wer Gas geben will, biegt nicht in den Neßkatenweg ab, sondern skatet am DASA-Gelände vorbei, am Deich entlang zum Este-Sperrwerk (hin und retour 8 km).

BESCHREIBUNG:
An der Kreuzung „Steendiek" orientiert Ihr Euch nach Westen (der Bäcker liegt links) und skatet auf der rechten Fahrbahnseite: Ihr könnt zwischen Radweg (Verbundsteine) und plattiertem Gehweg wählen. Erste Stationen am Weg: Abzweig Schloostraße, Schienen die Euren Weg kreuzen, Abzweig Brunnenstieg und ein Restaurant linker Hand. Kurz vor km 1 laßt Ihr rechts den Abzweig „Kneienblick" und links einige Gastropunkte liegen. Ihr rollt weiter geradeaus über den quer laufenden „Butenwarf" (Biergarten am Eck).
Bis kurz vor km 2 geht es an mehreren Seitenstraßen vorbei und an einem Imbiß. Der Belag wechselt mehrfach.
Kurz hinter km 2 zweigt rechts die Straße „Kreetslag" ab (Hauptzufahrt DASA). Ihr skatet aber weiter geradeaus, am Abzweig Pamirweg vorbei. Am Ortsende führt der Neßkatenweg nach links. Achtung Speedskater: Hier geht es geradeaus zum Abstecher Richtung Este-Sperrwerk.
Die Hauptstrecke folgt dem verkehrsberuhigten Neßkatenweg durch eine Kleingartenkolonie. Am Treffpunkt mit dem Dreikatendeich skatet Ihr geradeaus weiter.
Hinter km 3 kreuzt die Rudolf-Kinau-Allee Euren Weg: Von hier an ist der Neßkatenweg für Autos gesperrt. Allerdings wechselt der Belag nach 500 m, nur eine Sandpiste führt geradeaus weiter. Grund genug, hier auf den tiefer gelegenen „Westerdeich" auszuweichen. Schwenkt dazu nach links, rollt ein paar Meter bergab, dann rechts auf den „Westerdeich".
Die Straße ist etwa 4 m breit, gut geteert und nur von wenigen Autos befahren.
Ihr rollt an üppigem Grün und an Obstplantagen vorbei. Bei km 4 gibt es in einer Linkskurve einen leichten Anstieg auf einen Deich mit weitem Ausblick. 500 m weiter nehmt Ihr den Finkenwerder Süderdeich, der leicht bergab nach rechts führt. Die Straße führt wieder auf den Deich hinauf und durch ein Wohngebiet. Rechts seht Ihr die alte Süderelbe.
Das leichte Auf und Ab der Straße ist ganz angenehm. Hinter km 5,5 habt Ihr das Wasser in 50 m Entfernung und ein Restaurant liegt auch gleich am Weg.
Bei km 6,5 wechselt der Straßenname (Süderkirchenweg). Nehmt den Abzweig Bodemannweg nach rechts, rollt bis zur T-Kreuzung und biegt rechts ab auf den Kirchenaußendeichsweg. In einer Linkskurve führt die Straße den Deich hinauf (Osterfelddeich). Nach etwa 500 m kreuzen Schienen Euren Weg, nach weiteren 500 m trefft Ihr auf den Aue Hauptdeich. Skatet zunächst etwa 30 m nach rechts, überquert dann die Straße und schwenkt nach links, auf die für Kraftfahrzeuge gesperrte Strecke am Deich entlang. Ein Stück voraus endet der Deich und wird von einer Betonmauer abgelöst. Kurz vor dem Kutterhafen (km 9,5) macht der Weg einen scharfen Linksschwenk und mündet in die Kreuzung Aue-Insel/Köhlfleeter Hauptdeich. Ein letztes Mal rechts abbiegen in den Köhlfleeter Hauptdeich. Wer mit dem Auto angereist ist, kann schon mal Ausschau danach halten, denn nur noch 500 m trennen Euch nun von Eurem Startpunkt am Steendiek.

N
S
ESTEBRÜGGE
(ZU JORK)
MOORENDE
(ZU JORK)
BUXTEHUDER STR.
ESTE
MOORENDE
QUERWEG
MOORWEG
HINTERDEICH
NEULAND
ESTEBRÜGGER STR.
MELKERSTIEG
ACHTUNG!
SCHLECHTER
ASPHALT
START
BUXTEHUDE
1 MOORENDER STR.
2 HARBURGER STR.
3 HAFENBRÜCKE
4 SCHWARZER WEG
5 GOLDAPER WEG
6 ESTEBRÜGGER STR.
7 KLEIN HOVE
8 ESTEBURGRING
9 HANSESTR.
10 WESTFLETH
11 SCHÜTZENHOFWEG
200 M 400M 600M

TOUR NR. 11

VON BUXTEHUDE NACH ESTEBRÜGGE

11,5KM / EINGESCHRÄNKT EINSTEIGER-GEEIGNET

LAGE:
Südwestlich von Hamburg, zwischen Buxtehude und Altem Land, an der Este.

STARTPUNKT:
Parkplatz „Am Hafen", Buxtehude, Moorender Straße.

ANFAHRT:
Parken: Von Hamburg über die BAB 7 (Elbtunnel), Ausfahrt Heimfeld. Weiter über die B 73 Richtung Buxtehude/Stade. Dem Schild Buxtehude-Zentrum/Altes Land folgen und rechts auf die Harburger Straße einbiegen. Kurz vor der Innenstadt rechts in die Moorender Straße, Parkplatz links. Alternative: Mit dem Zug bis Buxtehude, über Bahnhofs- und Lange Straße zur Hafenbrücke. Links rum auf die Strecke.

STRECKENCHARAKTER:
90% Asphalt, 10% Verbundsteinpflaster. Abgesehen von einer Brückenüberquerung durchgängig ebene Piste. Rundkurs, zum größten Teil über nur wenig befahrene Straßen.

SPECIALS:
Baden und Bootsverleih in Buxtehude. Einige Gastropunkte am Weg, weitere in Buxtehude.

TIP:
Eine Tour für verkehrssichere Skater, die sich auch auf Straßenabschnitten die für Kraftfahrzeuge freigegeben sind, ohne Streß bewegen können.

BESCHREIBUNG:
Verlaßt den Parkplatz durch die kleine Estedeichdurchfahrt. Dann rechts auf der Moorender Straße Richtung Stadt. Nach wenigen Metern erneut rechts ab in die Harburger Straße. Ihr skatet über den Verbundpflaster-Radweg. Nach 100 m rechts in die „Hafenbrücke". Links liegt die Buxtehuder Innenstadt. Folgt vorerst den Schildern „Altes Land/Jork-Estebrügge". Es geht über die Este, dann überquert Ihr die Estebrügger Straße und nehmt den Fuß- und Radweg auf der anderen Straßenseite. Ihr rollt Richtung Norden aus der Stadt heraus, Ziel Estebrügge.
Auf Asphalt erreicht Ihr bei km 1 das Ortsende von Buxtehude. Die Straße wechselt den Namen und führt Euch als „Neuland" am Estedeich entlang. In Höhe des Ortsschildes Estebrügge skatet Ihr nun auf dem Radweg an der Buxtehuder Straße. Kurz vor km 4 überquert Ihr die Straße und biegt nach rechts in den Schwarzen Weg ab: Auf dieser 4 m breiten Teerstraße, am Deich entlang, ist nur wenig Verkehr. Ihr rollt durch ein Wohngebiet und am Goldaper Weg (links) vorbei geradeaus. 500 m weiter mündet Euer Weg in die von links kommende Estebrügger Straße. Ungefähr 200 m hinter dem Gasthof bei km 5 zweigt eine Kopfsteinpflasterstraße ab, der Ihr über die Este-Brücke folgt (der Bürgersteig bietet Verbundpflaster). Am anderen Ufer liegt das Dorf Moorende: Schwenkt wieder nach rechts. Rollt hinunter zur Straße und fahrt nach rechts Richtung Süden. Nächste Wegmarke für Euch: Das Feuerwehrhaus - biegt hier nach links in den „Esteburgring". Ihr rollt durch ein Wohngebiet und laßt 500 m weiter mit einem Rechtsschwenk den Ort hinter Euch (Anliegerstraße). Eine Rechtskurve durch die Plantagen. Folgt der Hauptstrecke und achtet ab km 7,5 auf Schlaglöcher. Etwa bei km 8,5 erreicht Ihr vor einem querlaufenden Deich eine T-Kreuzung, an der Ihr rechts abbiegt. Nach ca. 1 km die nächste T-Kreuzung: Skatet hier nach links, laßt die Schleusenstation links liegen und rollt aus der Ortschaft hinaus. Die Straße heißt wie der Ort „Moorende". Die Autofahrer sind hier teilweise sehr flott unterwegs. Der Asphalt hat üble Flicken, wird aber hinterm Ortsschild Buxtehude schlagartig besser. Nach 300 m endet die Tour, wo sie begann.

RICHTUNG AS MOORFLEET
1
0,5KM 1,0KM 1,5KM
REITBROOK
RICHTUNG CURSLACK
25
N
S
1 OCHSENW. KICHENDEICH
2 EICHHOLZFELDERDEICH
DORFERBOGEN
ELVERSWEG
OCHSENWERDER
OCHSENWERDER LANDSCHEIDE WEG
MARSCHBAHNDAMM
OCHSENWERDER NORDERDEICH
REITDEICH
GOOSE ELBE
WULFFSBRÜCKE
OORTKATENW.
GAUERTER HAUPTDEICH
ELBE
BUS 120
START
OCHSEN-WERDER ELB-DEICH
DURCHDEICH
H.-OSTERATH-STR.
SCHÖPFWERK
KIRCHWERDER LANDWEG
OVERWERDER HAUPTDEICH
HOHEN DEICHER SEE
SÜDERQUERWEG
FERSENWEG
MARSCHBAHNDAMM
KIRCHWERDER HAUSD.
GOOSE ELBE
CAFE UND SKATEVERLEIH
LANDWEG
WARWISCHER HAUPTD.
HOWER HAUPTD.
KIRCHWERDER
SÜDERQUERWEG
KIRCHWERDER
ELBE

TOUR NR. 12

VIERLANDE (WEST)

20,5 KM / EINGESCHRÄNKT EINSTEIGER-GEEIGNET

LAGE:

Südöstlich von Hamburg, südlich von Billbrook und Bergedorf, am Ufer der Elbe.

STARTPUNKT:

Parkplatz am Hafen Oortkaten.

ANFAHRT:

ÖPNV: Buslinie 120, Haltestelle Oortkaten.
Parken: Von Hamburg aus über die BAB 1, Ausfahrt „Moorfleet", links ab in die Straße „Brennerhof". Über Ochsenwerder zum Parkplatz am Overwerder Hauptdeich.

STRECKENCHARAKTER:

100% Asphalt. Wenige, leichte Steigungen an den Deichen, ansonsten durchgängig ebene Piste. Rundkurs, zur Hälfte über Fuß- und Radwege, zur Hälfte auf wenig befahrenen Straßen.

SPECIALS:

Baden, Bootsverleih, Surf- und Skate-Verleih am Hohendeicher See bzw. am Hafen (Windsurfladen), mehrere Gastropunkte. Abstecher möglich zum Freiluftmuseum Rieckhaus.

TIP:

Im Norden führt die Tour durch die ländlich idyllische Marschregion. Im Süden wird es durch den Ausflugsverkehr in Seenähe etwas betriebsamer. Es gibt zwei Möglichkeiten, die Strecke abzukürzen.

BESCHREIBUNG:

Mit dem Rücken zum Segelhafen Oortkaten orientiert Ihr Euch in Richtung Straße und biegt nach links ab, Richtung Hamburg/Ochsenwerder. Ein geteerter Radstreifen bringt Euch hinter einer Werft an den Ochsenwerder Elbdeich, der hier abzweigt. Wer die Strecke abkürzen will, kann nach rechts abbiegen (Abkürzung Nr.1, Streckenlänge 6,5 km).
Die Hauptstrecke führt weiter geradeaus. Ihr wechselt mit dem Radweg zweimal die Straßenseite, rollt am Gauerter Hauptdeich entlang und biegt bei km 3,5 nach rechts in den Elversweg ab (Sportplatz/Polizei). Von dieser wenig befahrenen, asphaltierten Straße zweigt nach links der Dorferbogen ab. Ihr haltet Euch geradeaus, rollt leicht bergab und erreicht eine Kreuzung mit Ampel: Geradeaus weiter auf dem Ochsenwerder Kichendeich.
Nach etwa 300 m der Ausgangspunkt für Abkürzung Nr. 2: Nach rechts, zwischen Kinderheim und Gemeindehaus, auf den Marschbahndamm (18,5 km).
Die Hauptroute führt geradeaus weiter an Gasthof und Café vorbei (km 5). Es folgt eine etwas unübersichtliche Links-rechts-Kurve (Vorsicht: Autos!) und eine T-Kreuzung: Rechts abbiegen auf den Ochsenwerder Norderdeich (Autos!). Fast 3 km geht es auf dieser Straße entlang bis zum Ortsschild Kirchwerder. 300 m weiter am Abzweig der „Wulffsbrücke" vorbei und geradeaus der H.-Osterath-Straße folgen. Und wieder 2,5 km ohne den Hauptweg zu verlassen, dann am Schöpfwerk vorbei bis zur Kreuzung bei km 13: Rechts abbiegen auf den Radweg am Kirchwerder Landweg.
Bei km 14,5 geradeaus über die Kreuzung mit dem Fersenweg, 600 m weiter kommt von rechts die Route „Abkürzung Nr. 2" zurück zum Hauptweg. Skatet geradeaus weiter, auch über die Kreuzung mit dem Süderquerweg. Am Elbdeich, biegt Ihr rechts ab auf den rauh geteerten Radweg am Hower Hauptdeich. Der Straßenname wechselt (Warwischer Hauptdeich). Auf glattem Teer geht's weiter. Hinter km 17,5 mit dem Radweg die Straßenseite wechseln, einen Parkplatz rechts liegen lassen und weiterrollen über den Overwerder Hauptdeich (Von rechts kommen hier auf dem Overwerder Weg die Skater dazu, die die Abkürzung Nr. 1 gewählt haben).
Rechts seht Ihr dann schon den Hohendeicher See liegen: Etwa 1 km hinter dem Ortsschild Ochsenwerder gibt es rechts im Sommer Kiosk, Bootsverleih und Badestelle. Links beginnt der Segelhafen (mit Windsurfingclub). 200 m weiter gibt es rechts eine Surfschule und einen Kiosk am See, links einen Inline-Skate-Verleih, einen Surfshop und ein Café. Euer Startpunkt liegt bereits in Sichtweite.

START
BUS 221
CURSLACK
NEUENGAMME
ALTENGAMME
KIRCH-WERDER
WINSEN
GOSE-ELBE
DOVE-ELBE
FELDSTENGEL
H.-STUBBE-WEG
HAUSDEICH
KIRCHWERDER LANDWEG
NORDERQUERWEG
FERSENWEG
MARSCHBAHNDAMM
SÜDERQUERWEG
NEESEN
ZOLLENSPIEKER HAUPTDEICH
KIRCHEN-HEERWEG
KIRCHWERDER MARSCHBAHN-DAMM
KRAUELER HAUPTDEICH
ELBE
1 ODEMANNS HECK
2 CURSLACKER DEICH
3 NEUENGAMMER HAUSDEICH
4 NEUENGAMMER HINTERDEICH
5 KIRCHWERDER HAUSDEICH
6 AUF DEM SÜLZBRACK
7 KIRCHWERDER ELBDEICH
8 KIRCHWERDER MÜHLENDAMM
9 RIBENWEG
N
S
0,5KM 1,0KM 1,5KM

TOUR NR. 13

VON CURSLACK NACH ZOLLENSPIEKER

16,5 KM / EINGESCHRÄNKT EINSTEIGER-GEEIGNET

LAGE:

Südöstlich von Hamburg, in Vierlande, zwischen Neuengamme und Bergedorf.

STARTPUNKT:

Sandparkplatz am Busbahnhof an der Straße „Odemanns Heck“ in Curslack.

ANFAHRT:

ÖPNV: S-Bahnlinien S2/S21 nach Bergedorf. Buslinie 221 bis zur Endstation an der Zentralschule in Curslack.
Parken: B5 bis Bergedorf, weiter Richtung Curslack. Im Ort abbiegen auf die Straße „Odemanns Heck“. Rechts findet Ihr Schule, Busbahnhof und Sandparkplatz.

STRECKENCHARAKTER:

95% Asphalt, ein Viertel rauh, 500 m Verbundsteinpflaster, 300 m Schotter/Sand. Überwiegend flache Piste. Hin- und Retour-Strecke zu drei Vierteln auf Rad- und Fußwegen und zu einem Viertel auf wenig befahrenen Straßen.

SPECIALS:

Gastro am Weg. Abstecher: Freiluftmuseum Rieckhaus, Gedenkstätte Neuengamme.

TIP:

Gutes Pflaster für Natur- und Fitness-Skater. Hin und wieder schöne Abschnitte um Tempo zu machen. Tourerweiterung in Richtung Bergedorf: In Curslack am Gasthof vorbei, beim Feuerwehrhaus Straße überqueren und geradeaus bis zum Kleingartenverein Pollhof (6 km hin und retour).

BESCHREIBUNG:

Rechts von Euch Sportplatz und Schule, dann geht es los in Richtung Süden auf einem alten Bahndamm. Ihr skatet über einen asphaltierten Fuß- und Radweg. Nach 200 m geht es über die Dove-Elbe (Teerbrücke) bis zur Kreuzung „Neuengammer Hausdeich“. Hier links auf den schmalen Bürgersteig in Richtung Kirchwerder/Elbfähre. Nach 100 m wieder rechts auf den Bürgersteig am „Feldstengel“. Kurz hinter Kirche und Friedhof müßt Ihr ein Stück Sandweg überbrücken. Anschließend ist die Straße wieder geteert. Es gibt Autos, aber nur selten. Links liegen Felder, rechts Häuser am Weg.
Wenn Ihr die T-Kreuzung am Neuengammer Sammelgraben erreicht, fahrt nach rechts auf den etwa 3 m breiten, für Autos gesperrten Teerweg. Nach 100 m links über die Brücke, vorbei an einem Rastplatz rechter Hand. Vor Euch liegt nun der baumgesäumte, ehemalige Bahndamm, auf dem es weitergeht. Hinter km 2 liegt rechts ein weiterer Rastplatz am Weg. Ihr skatet bis zur Kreuzung mit dem Neuengammer Hinterdeich, überquert diese Straße und skatet über die blaue Brücke. Überquert (km 3) den Kirchwerder Hausdeich. 300 m weiter bringt Euch eine leichte Rechts-links-Kombination über den Norderquerweg auf Euren etwas versetzt, in gleicher Richtung weiterführenden Weg. Der Teer wird auf dem nächsten Kilometer schwächer (Risse), bessert sich aber hinter dem Fersenweg. Vor km 5 überquert Ihr zunächst eine Brücke, rollt über einen Spielplatz und zwei recht unfreundliche Tempo-Bremsen (Bodenwellen).
Kurz vor km 6 überquert Ihr den Süderquerweg, dann (Brücke) den Neesengraben. Skatet über den anschließend folgenden Parkplatz, der an der Kreuzung mit dem Kirchwerder Elbdeich endet. Durch eine kleine Senke erreicht Ihr den Zollenspieker Hauptdeich. Vor Euch liegt nun die Elbe. Ihr skatet nach links und nehmt dabei den Weg an der rechten Straßenseite.
Bei km 7,5 könnt Ihr nach rechts einen Abstecher zur Elbfähre nach Winsen bzw. zu einem Gasthaus machen.
Die Hauptstrecke führt weiter geradeaus, am Segelhafen und am Abzweig des Süderquerwegs vorbei. Wenn bei km 9 von rechts eine Straße über den Deich kommt, aufgepaßt: Ihr müßt vor der Bushaltestelle nach links in den Kirchwerder Mühlendamm (mit Autos rechnen). Durch einen Wald und nach 600 m links abbiegen: Ob Ihr hier den Ribenweg nehmt oder den nachfolgenden Marschbahndamm bleibt Euch überlassen. Mit mehreren Skatern kann man auf den beiden parallel führenden Wegen sicher auch ein Sprintrennen austragen. Beide Wege kommen nach etwa 500 m wieder zusammen.
Vorbei an einer Gaststätte findet Ihr kurz vor km 11 eine weitere Kreuzung vor. Biegt hier nach rechts ab.
Rollt anschließend bis zur Kreuzung mit dem Fersenweg (Anliegerstraße) und biegt nach links in den Fersenweg ein. Kurz hinter km 12 kreuzt der vom Hinweg bekannte Radweg auf dem alten Bahndamm Eure Route: Skatet nach rechts - und nun in entgegengesetzter Fahrtrichtung wieder zurück zum Start.

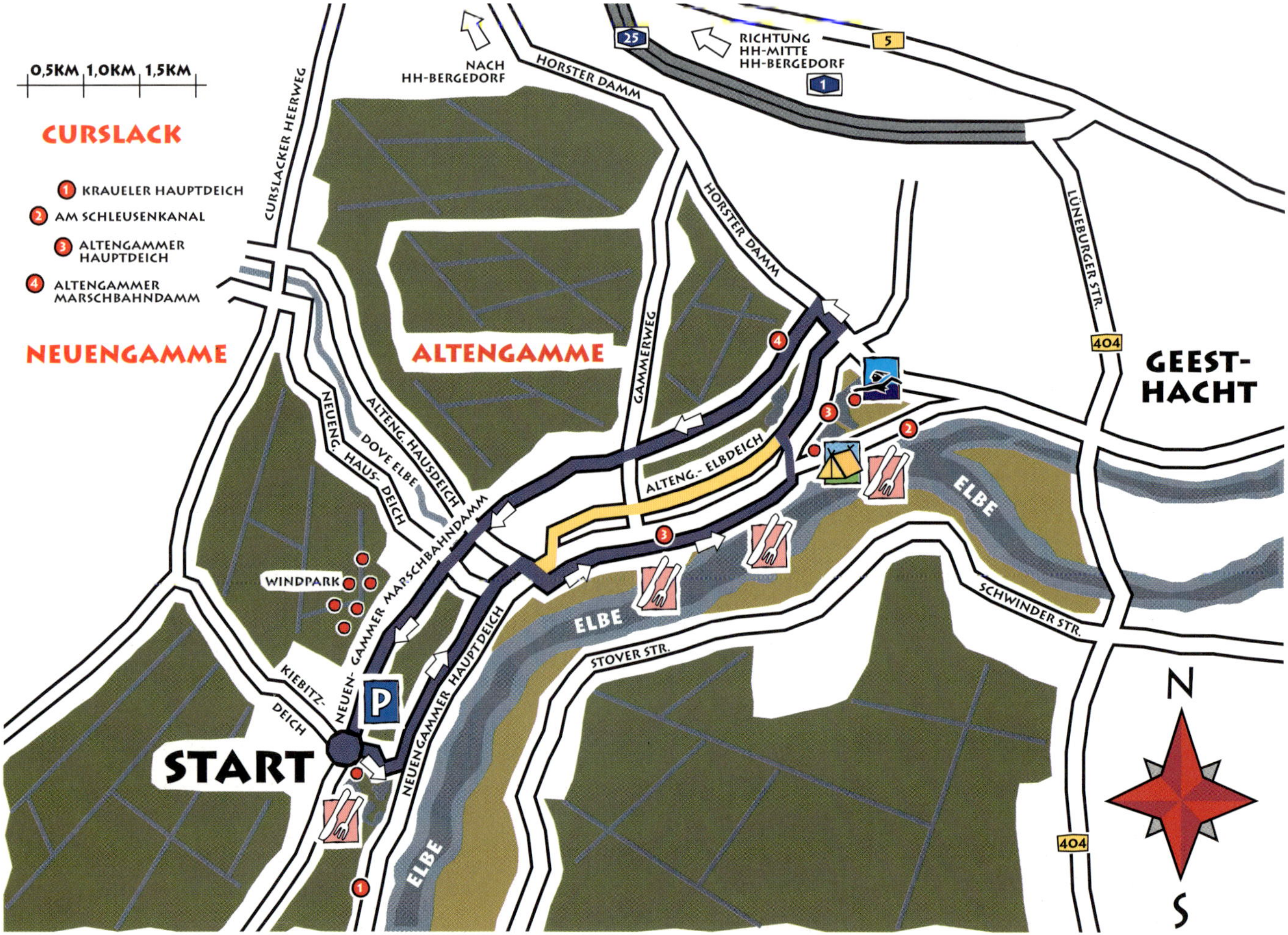

0,5KM 1,0KM 1,5KM
CURSLACK
1 KRAUELER HAUPTDEICH
2 AM SCHLEUSENKANAL
3 ALTENGAMMER HAUPTDEICH
4 ALTENGAMMER MARSCHBAHNDAMM
NEUENGAMME
ALTENGAMME
GEEST-HACHT
START
NACH HH-BERGEDORF
RICHTUNG HH-MITTE HH-BERGEDORF
25
5
1
404
HORSTER DAMM
CURSLACKER HEERWEG
GAMMERWEG
LÜNEBURGER STR.
ALTENG. HAUSDEICH
DOVE ELBE
NEUENG. HAUS-DEICH
NEUEN-GAMMER MARSCHBAHNDAMM
ALTENG.- ELBDEICH
NEUENGAMMER HAUPTDEICH
KIEBITZ-DEICH
WINDPARK
ELBE
STOVER STR.
SCHWINDER STR.
P
N
S

TOUR NR. 14

AN DER ELBE BEI NEUEN- UND ALTENGAMME

12,5 KM / EINSTEIGER-GEEIGNET

LAGE:
Südöstlich von Hamburg und Bergedorf, am nördlichen Elbufer.

STARTPUNKT:
Neuengamme-Kronshorst, Kreuzung Kiebitzdeich/Marschbahndamm.

ANFAHRT:
Parken: Aus Hamburg kommt Ihr über Bergedorf und Curslack zur Strecke. Über Krauel oder Altengamme erreicht Ihr den Neuengammer Hauptdeich, von dem der Kiebitzdeich abzweigt. Nach 800 m auf dem Kiebitzdeich kommt Ihr zur Kreuzung mit dem Marschbahndamm. Zwischen der Kreuzung und dem Schützenheim stehen ausreichend Parkplätze zur Verfügung.

STRECKENCHARAKTER:
99% Asphalt, ein Viertel rauh, 100 m Verbundsteinpflaster. Bis auf eine leichte Steigung und ein leichtes Gefälle am Elbdeich durchgängig ebene Piste. Der Rundkurs führt etwa 2 km über wenig befahrene öffentliche Straßen, ansonsten über Fuß-, Rad- und Landwirtschaftswege.

SPECIALS:
Badesee und mehrere Gastropunkte (altmodische, aber charmante Landgasthöfe).

TIP:
Schöne Trainingsstrecke für Skater ohne Marathon-Ambitionen. Wer am Start/Ziel noch Lust hat, rollt auf dem Marschbahndamm weiter, biegt links auf den Kirchwerder Mühlendamm, dann links auf den Kraueler-Hauptdeich und zurück (8 km).

BESCHREIBUNG:
Vom Startpunkt aus orientiert Ihr Euch nach Osten: Zwischen Parkplatz und Gastro rollt Ihr auf den Kiebitzdeich, eine wenig befahrene Straße mit recht rauhem Asphalt. Vorsicht in der ersten S-Kurve, sie ist etwas unübersichtlich und Ihr müßt mit vereinzelten Autos rechnen. Links liegt ein Teich an der Strecke, später steigt die Straße leicht zum Deich hin an. Nach 800 m mündet Euer Weg in den Neuengammer Hauptdeich: Biegt nach links ab und nehmt den gut geteerten Radweg (linke Straßenseite). Bei km 2 könnt Ihr im Sommer rechts einen kleinen Segelhafen ausmachen. 500 m weiter zweigt nach links der Neuengammer Hausdeich ab. Ihr skatet geradeaus am Ortsschild Altengamme und an zwei Straßeneinmündungen linker Hand vorbei. Bei km 3 wechselt Ihr auf die rechte Fahrbahnseite: Hier führt nun ein geteerter Radstreifen am Altengammer Hauptdeich entlang. Parallel zur Hauptstrecke verläuft der hier abzweigende Altengammer Elbdeich, ohne Elbblick - weniger Verkehr. Auf den nächsten 1,5 km fahrt Ihr an mehreren Abzweigen und zwei Gastropunkten vorbei stets geradeaus bis zur alten Windmühle: Nach 100 m wechselt der Radweg auf die linke Straßenseite. Ihr passiert ein Gasthaus und einen Campingplatz, dann geht der Radweg in eine 4 m breite Teerstraße (Anwohnerstraße). Die Hauptstraße Altengammer Hauptdeich führt rechts als Parallelstrecke weiter. Hinter km 6 liegt rechts ein Badesee. 500 m weiter biegt Ihr an der Kreuzung nach links ab, auf den mit Verbundsteinen gepflasterten Radweg am Horster Damm. Nur 100 m, dann wieder links, diesmal auf den Altengammer Marschbahndamm. Von hier an ist die Strecke nur noch für land wirtschaftlichen Verkehr freigegeben. Auf Asphalt rollt Ihr durch das Weideland. Nach weiteren 4 km (immer geradeaus) solltet Ihr in Höhe der Kreuzung mit dem Neuengammer Hausdeich langsam Euer Tempo zügeln: 200 m noch, dann kreuzen Lorenschwellen Euren Weg (Vorsicht!). Bei km 11,5 stehen rechts sechs Windkraftanlagen. Ihr müßt dann noch eine kleine Brücke überqueren, bis Ihr wieder an das Schützenheim kommt.

NATURSCHUTZGEBIET ZOLLENSPIEKER
WAGENFÄHRE VON MÄRZ-NOV.
ELBE
ELBE
ILLMENAU STURMFLUT SPEERWERK
START
P
HOOPTER ELBDEICH
ELBUFERSTR.
ELBUFERSTR.
WÖHRENWEG
ILLMENAU
HOHER MORGEN
FAHRAD-TUNNEL
GEESTWIESENWEG
HOOPTER STR.
STÖCKTE
(ZU WINSEN/LUHE)
QUERWEG
LASSRÖNNE
(ZU WINSEN/LUHE)
SEEBRÜCKENWEG
HOOPTE
N
S
STÖCKTER DEICH
KOPFSTEIN-PFLASTER (30M)
LUHE
HOOPTER STR.
BRÜCKE RAUF
BRÜCKE RUNTER
WINDRAD
ZUR SEEBRÜCKE
ILLMENAUKANAL
RECHTZEITIG BREMSEN!
GEESTWIESENWEG
GEHRDENER WEG
GEHRDENER WEG
SAATGEHRDEN
250
4
217
LUHE
WINSEN (LUHE)
1 LASSRÖNNER STRASSE
200 M 400M 600M

TOUR NR. 15
LASSRÖNNE UND STÖCKTE
13,5 KM / EINGESCHRÄNKT EINSTEIGER-GEEIGNET

LAGE:
Südöstlich von Hamburg, zwischen Elbe und Winsen (an der Luhe).

STARTPUNKT:
Parkplatz am Elbufer in Laßrönne, Ecke Elbuferstraße/Laßrönner Straße.

ANFAHRT:
Parken: BAB 1 oder BAB 7 bis Maschener Kreuz, weiter BAB 250 Richtung Lüneburg, Ausfahrt Winsen-West. Dann über die L 217 Richtung Winsen/Luhe, dort links Richtung Hoopte (ausgeschildert). Von der Hoopter Straße rechts in die Elbuferstraße abbiegen (Richtung Laßrönne).

STRECKENCHARAKTER:
95% Asphalt, ein Viertel rauh, 4% Verbundsteinpflaster, ein paar Meter Holzbohlen und Kopfsteinpflaster. Starke Steigungen nur an den Deichen bzw. am Sperrwerk, ansonsten durchgängig ebene Piste. Rundkurs.

SPECIALS:
Mehrere Gastropunkte.

TIP:
Eine Tour zum Bummeln oder zum Speedskaten - wie man`s mag. Ein Drittel der Route führt Euch auf Deichen entlang, die eine erstklassige Aussicht auf die Flußlandschaft bieten. Ansonsten skatet Ihr auf gut befahrbaren Straßen und könnt Tempo machen.

BESCHREIBUNG:
Überquert zunächst die Landstraße und haltet Euch dann links Richtung Zentrum. Der geteerte Fuß- und Radweg an der rechten Seite der Laßrönner Straße wechselt hinter der Einmündung Wöhrenweg den Belag: Auf Verbundsteinpflaster geht es weiter bis zum Abzweig nach rechts in den Seebrückenweg, auf dem Ihr durch ein Wohngebiet skatet (Achtung Verkehr). Ihr folgt stets dem Seebrückenweg (hinterm Ortsschild rechts halten). Bei km 1,5 geht es mit leichtem Anstieg den Deich hinauf und dann nach links wieder hinunter. Anschließend folgt eine stärkere Steigung zur Brücke über die Ilmenau. Von der Brücke aus habt Ihr einen tollen Blick auf das Ilmenautal und die Elbe. Dann rollt Ihr abwärts bis zur folgenden Kreuzung: Rechtzeitig bremsen und dann rechts in den Weg „Zur Seebrücke" skaten.
Es geht auf eine Brücke zu (20 m lang): Auf Holzbohlen überquert Ihr das Flüßchen Luhe. Die Deichüberquerung bei km 3 gestaltet sich ziemlich unkomfortabel: 30 m Kopfsteinpflaster sind zu überbrücken. Weicht nach links auf's Gras aus. Im Anschluß geht es rechts über den „Stöckter Deich" weiter. Links und rechts der Strecke idyllische Reetdachhäuser, im Belag einige Flicken. Bei km 4 müßt Ihr im Linksbogen weiter auf dem Querweg (glatter Teer). Es geht durch ein Wohngebiet, bis Ihr bei km 5,5 die Hoopter Straße erreicht: Eine Fußgängerampel bietet Sicherheit beim Überqueren der Hoopter Straße, danach haltet Ihr Euch links und skatet weiter auf dem Fuß- und Radweg. Nach 400 m fahrt Ihr rechts in den Gehrdener Weg, der nur für Landwirtschafts-Fahrzeuge freigegeben ist. Auf excellentem Teer rollt Ihr über eine Kreuzung, an der Einmündung hinter km 7 weiter geradeaus bis zur T-Kreuzung, die nach etwa 500 m folgt: Rechts abbiegen (Geestwiesenweg) und dann führt die Route parallel zu einem Bach (Grenzwettern) weiter.
Nach weiteren 1,5 km erreicht Ihr die Ortschaft Hoopte. 100 m hinterm Ortsschild nach links abbiegen auf den „Hohen Morgen" (Teer wird etwas rauher).
Kurz darauf kommt Ihr an den Elbdeich und die Straße „Hoopter Elbdeich". Nehmt den Fuß- und Radweg (Verbundpflaster) der nach rechts führt Richtung Ilmenau und Sturmflut Sperrwerk (liegt schon in Sichtweite). Übrigens: Wer sich an der Kreuzung Richtung Fähranleger hält, findet dort einen Imbiß.
Auch die Hauptstrecke führt an einem Gastropunkt (rechts) vorbei. Ihr folgt dem Radweg und seht links das Sperrwerk. Ihr umkurvt zwei alte Bäume und biegt links in den Tunnel ab, der unter der Landstraße durchführt. Vorsicht. Starkes Gefälle! Mit starker Steigung geht es nach links zum Sperrwerk hinauf.
Hinter dem Sperrwerk folgt Ihr dem Radweg nach Laßrönne, der auf dem Elbdeich entlang führt. Hinter km 10,5 schöner Blick auf das Naturschutzgebiet Zollenspieker am anderen Ufer der Elbe. Bei km 12 geht der Radweg in einen breiten geteerten Bürgersteig über. Beim Weiterfahren seht Ihr rechts ein Wohngebiet von Laßrönne. Vorbei am Campingplatz und einer weiteren Straßeneinmündung rollt Ihr die letzten paar hundert Meter zurück zu Eurem Ausgangspunkt. Vorsicht bei der Straßenüberquerung.

Fly and Glide!

Wer möchte nicht gern einmal in einer **Traumlandschaft** skaten?

Mit dem **TUI** *Free*World INLINE GUIDE für **Mallorca und Ibiza** ist dies nun kein Problem mehr. Er zeigt die **20 schönsten** Inline-Routen auf den beliebten Sonneninseln in bewährter Art und Weise, von der **Promenaden-Bummeltour** bis zur anspruchsvollen Fitness-Route für **fortgeschrittene Tempo-Skater.**

Für alle, die auch im Urlaub nicht auf den vollen **Skate-Genuß** verzichten wollen.

Der TUI FreeWorld INLINE GUIDE Mallorca/Ibiza ist für ~~19,80 DM~~ im Buchhandel oder per Direktbestellung (02 01/86 20 631) erhältlich.

Foto: ROCES INLINE-SKATES